全国普法学习读本
★ ★ ★ ★ ★

公共设施保护法律法规学习读本

特殊公共设施保护法律法规

■ 魏光朴　主编

加大全民普法力度，建设社会主义法治文化，树立宪法法律至上、法律面前人人平等的法治理念。

—— 中国共产党第十九次全国代表大会《决胜全面建成小康社会　夺取新时代中国特色社会主义伟大胜利》

汕头大学出版社

图书在版编目（CIP）数据

特殊公共设施保护法律法规／魏光朴主编．-- 汕头：
汕头大学出版社，2023.4（重印）

（公共设施保护法律法规学习读本）

ISBN 978-7-5658-3339-7

Ⅰ．①特… Ⅱ．①魏… Ⅲ．①法律-中国-学习参考

资料 Ⅳ．①D920.4

中国版本图书馆 CIP 数据核字（2018）第 000908 号

特殊公共设施保护法律法规 TESHU GONGGONG SHESHI BAOHU FALÜ FAGUI

主　　编：魏光朴

责任编辑：邹　峰

责任技编：黄东生

封面设计：大华文苑

出版发行：汕头大学出版社

　　　　　广东省汕头市大学路 243 号汕头大学校园内　　邮政编码：515063

电　　话：0754-82904613

印　　刷：三河市元兴印务有限公司

开　　本：690mm×960mm 1/16

印　　张：18

字　　数：226 千字

版　　次：2018 年 1 月第 1 版

印　　次：2023 年 4 月第 2 次印刷

定　　价：59.60 元（全 2 册）

ISBN 978-7-5658-3339-7

前　言

习近平总书记指出："推进全民守法，必须着力增强全民法治观念。要坚持把全民普法和守法作为依法治国的长期基础性工作，采取有力措施加强法制宣传教育。要坚持法治教育从娃娃抓起，把法治教育纳入国民教育体系和精神文明创建内容，由易到难、循序渐进不断增强青少年的规则意识。要健全公民和组织守法信用记录，完善守法诚信褒奖机制和违法失信行为惩戒机制，形成守法光荣、违法可耻的社会氛围，使遵法守法成为全体人民共同追求和自觉行动。"

中共中央、国务院曾经转发了中央宣传部、司法部关于在公民中开展法治宣传教育的规划，并发出通知，要求各地区各部门结合实际认真贯彻执行。通知指出，全民普法和守法是依法治国的长期基础性工作。深入开展法治宣传教育，是全面建成小康社会和新农村的重要保障。

普法规划指出：各地区各部门要根据实际需要，从不同群体的特点出发，因地制宜开展有特色的法治宣传教育坚持集中法治宣传教育与经常性法治宣传教育相结合，深化法律进机关、进乡村、进社区、进学校、进企业、进单位的"法律六进"主题活动，完善工作标准，建立长效机制。

特别是农业、农村和农民问题，始终是关系党和人民事业发展的全局性和根本性问题。党中央、国务院发布的《关于推进社会主义新农村建设的若干意见》中明确提出要"加强农村法制建设，深入开展农村普法教育，增强农民的法制观念，提高农民依法行使权利和履行义务的自觉性。"多年普法实践证明，普及法律知识，提高法制观念，增强全社会依法办事意识具有重要作用。特别是在广大农村进行普法教育，是提高全民法律素质的需要。

多年来，我国在农村实行的改革开放取得了极大成功，农村发生了翻天覆地的变化，广大农民生活水平大大得到了提高。但是，由于历史和社会等原因，现阶段我国一些地区农民文化素质还不高，不学法、不懂法、不守法现象虽然较原来有所改变，但仍有相当一部分群众的法制观念仍很淡化，不懂、不愿借助法律来保护自身权益，这就极易受到不法的侵害，或极易进行违法犯罪活动，严重阻碍了全面建成小康社会和新农村步伐。

为此，根据党和政府的指示精神以及普法规划，特别是根据广大农村农民的现状，在有关部门和专家的指导下，特别编辑了这套《全国普法学习读本》。主要包括了广大人民群众应知应懂、实际实用的法律法规。为了辅导学习，附录还收入了相应法律法规的条例准则、实施细则、解读解答、案例分析等；同时为了突出法律法规的实际实用特点，兼顾地方性和特殊性，附录还收入了部分某些地方性法律法规以及非法律法规的政策文件、管理制度、应用表格等内容，拓展了本书的知识范围，使法律法规更"接地气"，便于读者学习掌握和实际应用。

在众多法律法规中，我们通过甄别，淘汰了废止的，精选了最新的、权威的和全面的。但有部分法律法规有些条款不适应当下情况了，却没有颁布新的，我们又不能擅自改动，只得保留原有条款，但附录却有相应的补充修改意见或通知等。众多法律法规根据不同内容和受众特点，经过归类组合，优化配套。整套普法读本非常全面系统，具有很强的学习性、实用性和指导性，非常适合用于广大农村和城乡普法学习教育与实践指导。总之，是全国全民普法的良好读本。

目　　录

中华人民共和国军事设施保护法

第一章　总　　则 …………………………………………（2）

第二章　军事禁区、军事管理区的划定 ………………（3）

第三章　军事禁区的保护 ………………………………（5）

第四章　军事管理区的保护 ……………………………（6）

第五章　没有划入军事禁区、军事管理区的

　　　　军事设施的保护 ………………………………（6）

第六章　管理职责 ………………………………………（7）

第七章　法律责任 ………………………………………（10）

第八章　附　　则 ………………………………………（13）

附　录

　　中华人民共和国军事设施保护法实施办法 …………（14）

中华人民共和国电力法

第一章　总　　则 ………………………………………（26）

第二章　电力建设 ………………………………………（27）

第三章　电力生产与电网管理 …………………………（28）

第四章　电力供应与使用 ………………………………（29）

第五章　电价与电费 ……………………………………（32）

第六章　农村电力建设和农业用电 ……………………（34）

第七章　电力设施保护……………………………（34）

第八章　监督检查…………………………………（35）

第九章　法律责任…………………………………（36）

第十章　附　则……………………………………（39）

附　录

电力设施保护条例…………………………………（40）

电力设施保护条例实施细则………………………（49）

电力供应与使用条例………………………………（57）

电网调度管理条例…………………………………（67）

电力监管条例………………………………………（74）

水文监测环境和设施保护办法……………………（81）

广播电视设施保护条例

第一章　总　则……………………………………（87）

第二章　保护措施…………………………………（88）

第三章　罚　则……………………………………（93）

第四章　附　则……………………………………（95）

附　录

广播电视管理条例…………………………………（96）

公共文化体育设施条例

第一章　总　则……………………………………（109）

第二章　规划和建设………………………………（111）

第三章　使用和服务………………………………（113）

第四章　管理和保护………………………………（114）

第五章　法律责任 ……………………………………（115）

第六章　附　则 …………………………………………（117）

特殊标志管理条例

第一章　总　则 …………………………………………（118）

第二章　特殊标志的登记 ………………………………（119）

第三章　特殊标志的使用与保护 ………………………（122）

第四章　附　则 …………………………………………（124）

附　录

　　中华人民共和国测量标志保护条例 ………………（125）

环卫设施维护制度

小区环卫设施维护制度 …………………………………（132）

农村环卫设施维护制度 …………………………………（133）

街道环卫设施维护制度 …………………………………（135）

中华人民共和国军事设施保护法

中华人民共和国主席令

第十号

　　《全国人民代表大会常务委员会关于修改〈中华人民共和国军事设施保护法〉的决定》已由中华人民共和国第十二届全国人民代表大会常务委员会第九次会议于 2014 年 6 月 27 日通过，现予公布，自 2014 年 8 月 1 日起施行。

中华人民共和国主席　习近平

2014 年 6 月 27 日

　　（1990 年 2 月 23 日第七届全国人民代表大会常务委员会第十二次会议通过；根据 2009 年 08 月 27 日第十一届全国人民代表大会常务委员会第十次会议《全国人民代表大会常务委员会关于修改部分法律

的决定》第一次修正；根据 2014 年 6 月 27 日第十二届全国人民代表大会常务委员会第九次会议《全国人民代表大会常务委员会关于修改〈中华人民共和国军事设施保护法〉的决定》第二次修正)

第一章　总　则

第一条　为了保护军事设施的安全，保障军事设施的使用效能和军事活动的正常进行，加强国防现代化建设，巩固国防，抵御侵略，根据宪法，制定本法。

第二条　本法所称军事设施，是指国家直接用于军事目的的下列建筑、场地和设备：

（一）指挥机关，地面和地下的指挥工程、作战工程；

（二）军用机场、港口、码头；

（三）营区、训练场、试验场；

（四）军用洞库、仓库；

（五）军用通信、侦察、导航、观测台站，测量、导航、助航标志；

（六）军用公路、铁路专用线，军用通信、输电线路，军用输油、输水管道；

（七）边防、海防管控设施；

（八）国务院和中央军事委员会规定的其他军事设施。

前款规定的军事设施，包括军队为执行任务必需设置的临时设施。

第三条　各级人民政府和军事机关应当从国家安全利益

出发，共同保护军事设施，维护国防利益。

中国人民解放军总参谋部在国务院和中央军事委员会的领导下，主管全国的军事设施保护工作。军区司令机关主管辖区内的军事设施保护工作；

设有军事设施的地方，有关军事机关和县级以上地方人民政府应当建立军地军事设施保护协调机制，相互配合，监督、检查军事设施的保护工作；

第四条 中华人民共和国的所有组织和公民都有保护军事设施的义务。

禁止任何组织或者个人破坏、危害军事设施。

任何组织或者个人对破坏、危害军事设施的行为，都有权检举、控告。

第五条 国家统筹兼顾经济建设、社会发展和军事设施保护，促进经济社会发展和军事设施保护相协调。

第六条 国家对军事设施实行分类保护、确保重点的方针。

第七条 国家对在军事设施保护工作中做出突出贡献的组织和公民，给予表彰、奖励。

第二章　军事禁区、军事
管理区的划定

第八条 各级人民政府和军事机关对在军事设施保护工作中做出显著成绩的组织和个人，给予表彰、奖励。

本法所称军事禁区，是指设有重要军事设施或者军事设施具有重大危险因素，需要国家采取特殊措施加以重点保护，依照法定程序和标准划定的军事区域。

本法所称军事管理区，是指设有较重要军事设施或者军事设施具有较大危险因素，需要国家采取特殊措施加以保护，依照法定程序和标准划定的军事区域。

第九条 军事禁区和军事管理区，由国务院和中央军事委员会确定，或者由军区根据国务院和中央军事委员会的规定确定。

军事禁区、军事管理区应当按照规定设置标志牌。标志牌由县级以上地方人民政府负责设置。

第十条 陆地和水域的军事禁区、军事管理区的范围，由军区和省、自治区、直辖市人民政府共同划定，或者由军区和省、自治区、直辖市人民政府、国务院有关部门共同划定。空中军事禁区和特别重要的陆地、水域军事禁区的范围，由国务院和中央军事委员会划定。

第十一条 军事禁区、军事管理区的撤销或者变更，依照本法第八条规定的程序办理。

军事禁区、军事管理区的范围调整，依照本法第九条第一款规定的程序办理。

第十二条 军事禁区、军事管理区范围的划定或者调整，应当在确保军事设施安全保密和使用效能的前提下，兼顾经济建设、自然环境保护和当地群众的生产、生活。

第十三条 军事禁区、军事管理区范围的划定或者扩大，需要征收、征用土地、林地、草原、水面、滩涂的，依照有关法律、法规的规定办理。

第三章　军事禁区的保护

第十四条　军事禁区管理单位应当根据具体条件，按照划定的范围，为陆地军事禁区修筑围墙、设置铁丝网等障碍物；为水域军事禁区设置障碍物或者界线标志。

第十五条　禁止陆地、水域军事禁区管理单位以外的人员、车辆、船舶进入军事禁区，禁止对军事禁区进行摄影、摄像、录音、勘察、测量、描绘和记述，禁止航空器在军事禁区上空进行低空飞行。但是，经军区级以上军事机关批准的除外。

禁止航空器进入空中军事禁区，但依照国家有关规定获得批准的除外。

使用军事禁区的摄影、摄像、录音、勘察、测量、描绘和记述资料，应当经军区级以上军事机关批准。

第十六条　在水域军事禁区内，禁止建造、设置非军事设施，禁止从事水产养殖、捕捞以及其他妨碍军用舰船行动、危害军事设施安全保密和使用效能的活动。

第十七条　在陆地军事禁区内采取的防护措施不足以保证军事设施安全保密和使用效能，或者陆地军事禁区内的军事设施具有重大危险因素的，军区和省、自治区、直辖市人民政府或者军区和省、自治区、直辖市人民政府、国务院有关部门在共同划定陆地军事禁区范围的同时，可以在禁区外围共同划定安全控制范围，并在其外沿设置安全警戒标志。安全警戒标志的设置地点由军事禁区管理单位和当地县级以上地方人民政府共同确定。

第十八条　在军事禁区外围安全控制范围内，当地群众可以照常生产、生活，但是不得进行爆破、射击以及其他危害军事设施安全和使用效能的活动。

第四章　军事管理区的保护

第十九条　军事管理区管理单位应当按照划定的范围，为军事管理区修筑围墙、设置铁丝网或者界线标志。

第二十条　军事管理区管理单位以外的人员、车辆、船舶进入军事管理区，或者对军事管理区进行摄影、摄像、录音、勘察、测量、描绘和记述，必须经过军事管理区管理单位批准。

第二十一条　在水域军事管理区内，禁止从事水产养殖；未经军区级以上军事机关批准，不得建造、设置非军事设施；从事捕捞或者其他活动，不得影响军用舰船的战备、训练、执勤等行动。

第五章　没有划入军事禁区、军事管理区的军事设施的保护

第二十二条　划为军事管理区的军民合用机场、港口、码头的管理办法，由国务院和中央军事委员会规定。

第二十三条　没有划入军事禁区、军事管理区的军事设施，军事设施管理单位应当采取措施予以保护；军队团级以

上管理单位并可以委托当地人民政府予以保护。

第二十四条　在没有划入军事禁区、军事管理区的军事设施一定距离内进行采石、取土、爆破等活动，不得危害军事设施的安全和使用效能。

第六章　管理职责

第二十五条　没有划入军事禁区、军事管理区的作战工程外围应当划定安全保护范围。作战工程的安全保护范围，应当根据作战工程性质、地形和当地经济建设、社会发展情况，由军级以上主管军事机关提出方案，报军区和省、自治区、直辖市人民政府共同划定，或者报军区和省、自治区、直辖市人民政府、国务院有关部门共同划定。

第二十六条　在军用机场净空保护区域内，禁止修建超出机场净空标准的建筑物、构筑物或者其他设施，不得从事影响飞行安全和机场助航设施使用效能的活动。

第二十七条　在军用无线电固定设施电磁环境保护范围内，禁止建造、设置影响军用无线电固定设施使用效能的设备和电磁障碍物体，不得从事影响军用无线电固定设施电磁环境的活动。

军用无线电固定设施电磁环境的保护措施，由军地无线电管理机构按照国家无线电管理相关规定和标准共同确定。

军事禁区、军事管理区内无线电固定设施电磁环境的保护，适用前两款规定。

第二十八条　未经国务院和中央军事委员会批准或者国

务院和中央军事委员会授权的机关批准，不得拆除、移动边防、海防管控设施，不得在边防、海防管控设施上搭建、设置民用设施。在边防、海防管控设施周边安排建设项目，不得危害边防、海防管控设施安全和使用效能。

第二十九条 县级以上地方人民政府编制国民经济和社会发展规划、土地利用总体规划、城乡规划和海洋功能区划，安排可能影响军事设施保护的建设项目，应当兼顾军事设施保护的需要，并征求有关军事机关的意见。安排建设项目或者开辟旅游景点，应当避开军事设施。确实不能避开，需要将军事设施拆除、迁建或者改作民用的，由省、自治区、直辖市人民政府或者国务院有关部门和军区级军事机关商定，并报国务院和中央军事委员会批准或者国务院和中央军事委员会授权的机关批准。

第三十条 军队编制军事设施建设规划、组织军事设施项目建设，应当考虑地方经济建设和社会发展的需要，符合城乡规划的总体要求，并进行安全环境评估和环境影响评价。涉及城乡规划的，应当征求地方人民政府的意见，尽量避开地方经济建设热点区域和民用设施密集区域。确实不能避开，需要将生产、生活设施拆除或者迁建的，应当依法进行。

第三十一条 在军用机场净空保护区域内建设高大建筑物、构筑物或者其他设施的，建设单位必须在申请立项前书面征求军用机场管理单位的军级以上主管军事机关的意见；未征求军事机关意见或者建设项目设计高度超过军用机场净空保护标准的，国务院有关部门、地方人民政府有关部门不予办理建设许可手续。

军事设施管理单位对军事设施的重要部位应当采取安全监控和技术防范措施。

第三十二条 各级军事机关应当严格履行保护军事设施的职责，教育军人爱护军事设施，保守军事设施秘密，建立健全保护军事设施的规章制度，监督、检查、解决军事设施保护工作中的问题。

第三十三条 在军用机场侧净空保护区域内原有自然障碍物附近新建高大建筑物、构筑物或者其他设施，必须符合国家有关机场净空的规定。

军事设施管理单位应当认真执行有关保护军事设施的规章制度，建立军事设施档案，对军事设施进行检查、维护。

军事设施管理单位不得将军事设施用于非军事目的，但因执行抢险救灾等紧急任务的除外。

第三十四条 军事设施管理单位应当了解掌握军事设施周边建设项目等情况，发现可能危害军事设施安全和使用效能的，应当及时向军事设施保护主管机关和当地人民政府主管部门报告，并配合有关部门依法处理。

第三十五条 军事禁区、军事管理区的管理单位应当依照有关法律、法规的规定，保护军事禁区、军事管理区内的自然资源和文物。

第三十六条 军事设施管理单位必要时应当向县级以上地方人民政府提供军用地下、水下电缆、管道的位置资料。地方进行建设时，当地人民政府应当对军用地下、水下电缆、管道予以保护。

第三十七条 各级人民政府应当对公民加强国防和军事

设施保护教育，增强国防观念，保护军事设施，保守军事设施秘密，制止破坏、危害军事设施的行为。

第三十八条　军事禁区、军事管理区需要公安机关协助维护治安管理秩序的，经国务院和中央军事委员会决定或者由有关军事机关提请省、自治区、直辖市公安部门批准，可以设立公安机构。

第三十九条　军用机场、港口、码头实行军民合用的，需经国务院和中央军事委员会批准或者国务院和中央军事委员会授权的机关批准。

第四十条　军事设施因军事任务调整、周边环境变化和自然损毁等原因，失去使用效能并无需恢复重建的，军事设施管理单位应当按照规定程序及时报国务院和中央军事委员会批准或者国务院和中央军事委员会授权的机关批准，予以拆除或者改作民用。

军队执行任务结束后，应当及时将设立的临时设施拆除。

第四十一条　违反本法规定，有下列情形之一的，军事设施管理单位的执勤人员应当予以制止：

（一）非法进入军事禁区、军事管理区的；

（二）对军事禁区、军事管理区非法进行摄影、摄像、录音、勘察、测量、描绘和记述的；

（三）进行破坏、危害军事设施的活动的。

第七章　法律责任

第四十二条　有本法第四十一条所列情形之一，不听制止的，军事设施管理单位的执勤人员依照国家有关规定，可以采取下列措施：

（一）强制带离非法进入军事禁区、军事管理区的人员，对违法情节严重的人员予以扣留并立即移送公安机关或者国家安全机关；

（二）立即制止信息传输等行为，扣押用于实施违法行为的器材、工具或者其他物品，并移送公安机关或者国家安全机关；

（三）在紧急情况下，清除严重危害军事设施安全和使用效能的障碍物；

（四）在危及军事设施安全或者执勤人员生命安全等紧急情况下使用武器。

现役军人、军队文职人员和军队其他人员有本法第四十一条所列情形之一的，依照军队有关规定处理。

第四十三条 有下列行为之一的，适用《中华人民共和国治安管理处罚法》第二十三条的处罚规定：

（一）非法进入军事禁区、军事管理区，不听制止的；

（二）在军事禁区外围安全控制范围内，或者在没有划入军事禁区、军事管理区的军事设施一定距离内，进行危害军事设施安全和使用效能的活动，不听制止的；

（三）在军用机场净空保护区域内，进行影响飞行安全和机场助航设施使用效能的活动，不听制止的；

（四）对军事禁区、军事管理区非法进行摄影、摄像、录音、勘察、测量、描绘和记述，不听制止的；

（五）其他扰乱军事禁区、军事管理区管理秩序和危害军事设施安全的行为，情节轻微，尚不够刑事处罚的。

第四十四条 违反国家规定，故意干扰军用无线电设施正常工作的，或者对军用无线电设施产生有害干扰，拒不按照有关主管部门的要求改正的，依照《中华人民共和国治安管理处罚法》第二十八条的规定处罚。

第四十五条 毁坏边防、海防管控设施以及军事禁区、军事管理区的围墙、铁丝网、界线标志或者其他军事设施的，依照《中华人民共和国治安管理处罚法》第三十三条的规定处罚。

第四十六条 有下列行为之一，构成犯罪的，依法追究刑事责任：

（一）破坏军事设施的；

（二）盗窃、抢夺、抢劫军事设施的装备、物资、器材的；

（三）泄露军事设施秘密的，或者为境外的机构、组织、人员窃取、刺探、收买、非法提供军事设施秘密的；

（四）破坏军用无线电固定设施电磁环境，干扰军用无线电通讯，情节严重的；

（五）其他扰乱军事禁区、军事管理区管理秩序和危害军事设施安全的行为，情节严重的。

第四十七条 现役军人、军队文职人员和军队其他人员有下列行为之一，构成犯罪的，依法追究刑事责任；情节轻微，尚不够刑事处罚的，按照军队有关规定给予处分：

（一）有本法第四十三条、第四十四条、第四十五条、第四十六条规定行为的；

（二）擅自将军事设施用于非军事目的，或者有其他滥用职权行为的；

（三）擅离职守或者玩忽职守的。

第四十八条　国家机关工作人员在军事设施保护工作中玩忽职守、滥用职权，构成犯罪的，依法追究刑事责任；尚不够刑事处罚的，给予处分。

第四十九条　违反本法规定，造成军事设施损失的，依法承担赔偿责任。

第八章　附　则

第五十条　中国人民武装警察部队所属军事设施的保护，适用本法。

第五十一条　国防科技工业重要武器装备的科研、生产、试验、存储等设施的保护，参照本法有关规定执行。具体办法和设施目录由国务院和中央军事委员会规定。

第五十二条　国务院和中央军事委员会根据本法制定实施办法。

第五十三条　本法自 1990 年 8 月 1 日起施行。

附 录

中华人民共和国军事设施
保护法实施办法

中华人民共和国国务院令

第 298

现公布《中华人民共和国军事设施保护法实施办法》，自公布之日起施行。

国务院总理　朱镕基

中央军委主席　江泽民

2001 年 1 月 12 日

第一章　总　则

第一条　根据《中华人民共和国军事设施保护法》（以下简称军事设施保护法）的规定，制定本办法。

第二条　设有军事设施的地方，县级以上地方人民政府和驻地有关军事机关共同成立军事设施保护委员会，负责协调、指导本行政区域内的军事设施保护工作。

军事设施保护委员会的办事机构设在省军区（卫戍区、警备区）、军分区（警备区）、县（自治县、市、市辖区）人民武装部，具体办理军事设施保护委员会的日常工作。

第三条 军事设施保护委员会履行下列职责：

（一）依照军事设施保护法律、法规和国家的方针、政策，制定军事设施保护措施；

（二）组织指导本行政区域内的军事设施保护工作，协调解决军事设施保护工作的有关事宜；

（三）组织开展军事设施保护的宣传教育工作；

（四）组织开展军事设施保护法律、法规执行情况的监督检查。

第四条 中国人民解放军总参谋部在国务院和中央军事委员会的领导下，主管全国的军事设施保护工作，指导各级军事设施保护委员会的工作。

军区司令机关主管辖区内的军事设施保护工作，指导辖区内各级军事设施保护委员会的工作。

上级军事设施保护委员会指导下级军事设施保护委员会的工作。

第五条 国务院有关部门在各自的职责范围内，负责军事设施保护的有关工作，并协助军事机关落实军事设施保护措施。

县级以上地方人民政府负责本行政区域内军事设施保护的有关工作，并协助驻地军事机关落实军事设施保护措施。

第六条 军事机关应当向驻地人民政府介绍军事设施的有关情况，听取驻地人民政府的意见；地方人民政府应当向驻地军事机关介绍经济建设的有关情况，听取驻地军事机关的意见。

第七条 各级人民政府和军事机关对在军事设施保护工作中做出显著成绩的组织和个人，给予表彰、奖励。

第二章 军事禁区、军事管理区的保护

第八条 军事禁区、军事管理区的确定及其范围的划定，以及军事禁区外围安全控制范围的划定，依照军事设施保护法和国务院、中央军事委员会的有关规定办理。

第九条 在水域军事禁区内，禁止非军用船只进入，禁止建筑、设置非军事设施，禁止从事水产养殖、捕捞以及其他有碍军用舰船行动和安全保密的活动。

第十条 在水域军事管理区内，禁止建筑、设置非军事设施，禁止从事水产养殖；从事捕捞或者其他活动，不得影响军用舰船的行动。

第十一条 划为军事管理区的军民合用港口的水域，实行军地分区管理；在地方管理的水域内需要新建非军事设施的，必须事先征得有关军事设施管理单位的同意。

第十二条 军事禁区、军事管理区应当设立标志牌。标志牌的样式、质地和规格由省、自治区、直辖市军事设施保护委员会规定，标志牌由县级以上地方人民政府负责设立。

水域军事禁区、军事管理区的范围难以在实际水域设置界线标志或者障碍物表示的，由当地交通、渔业行政主管部门共同向社会公告，并由测绘主管部门在海图上标明。

第三章 作战工程的保护

第十三条 军事设施保护法所称作战工程，包括坑道、永备工事以及配套的专用道路、桥涵以及水源、供电、战备用房等附属设施。

第十四条 未划入军事禁区、军事管理区的作战工程应当在作战工程外围划定安全保护范围。作战工程的安全保护范围，根据工程部署、地形和当地经济建设情况，由省军区或者作战工程管理单位的上级军级以上主管军事机关提出方案，报军区和省、自治区、直辖市人民政府批准。

在作战工程布局相对集中的地区，作战工程安全保护范围可以连片划定。

第十五条 作战工程安全保护范围的划定，不影响安全保护范围内的土地及其附着物的所有权、使用权，安全保护范围内的单位、居民可以照常生产、生活，但不得危害军事设施的安全保密和使用效能。

第十六条 在作战工程安全保护范围内，禁止开山采石、采矿、爆破，禁止采伐林木；修筑建筑物、构筑物、道路和进行农田水利基本建设，应当征得作战工程管理单位的上级主管军事机关和当地军事设施保护委员会同意，并不得影响作战工程的安全保密和使用效能。

第十七条 禁止私自开启封闭的作战工程，禁止破坏作战工程的伪装，禁止阻断入出作战工程的通道。

未经作战工程管理单位的上级师级以上主管军事机关批准，不得对作战工程进行摄影、摄像、勘察、测量、描绘和记述，不得在作战工程内存放非军用物资器材或者从事种植、养殖等生产活动。

第十八条 新建工程和建设项目，确实难以避开作战工程的，应当按照国家有关规定提出拆除或者迁建、改建作战工程的申请；申请未获批准，不得拆除或者迁建、改建作战工程。

<h2 style="text-align:center">第四章 军用机场净空的保护</h2>

第十九条 本办法所称军用机场净空，是指为保证军用飞机（含直升机）起飞、着陆和复飞的安全，在飞行场地周围划定的限制物体高度的空间区域。

军用机场净空保护标准按照国家有关规定执行。

第二十条 在军用机场净空保护区域内，禁止修建超出机场净空标准的建筑物、构筑物或者其他设施。

第二十一条 在军用机场净空保护区域内种植植物，设置灯光或者物体，排放烟尘、粉尘、火焰、废气或者从事其他类似活动，不得影响飞行安全和机场助航设施的使用效能。

第二十二条 军用机场管理单位应当了解当地城市规划和村庄、集镇规划和高大建筑项目建设计划，提供军用机场净空保护技术咨询。

第二十三条 在军用机场净空保护区域内建设高大建筑物、构筑物或者其他设施的，建设单位必须在申请立项前书面征求军用机场管理单位的军级以上主管军事机关的意见；未征求军事机关意见或者建设项目设计高度超过军用机场净空保护标准的，国务院有关部门、地方人民政府有关部门不予办理建设许可手续。

第二十四条 军用机场管理单位应当定期检查机场净空保护情况，发现擅自修建超过军用机场净空保护标准的建筑物、构筑物或者其他设施的，应当及时向上级和当地军事设施保护委员会报告。

地方人民政府应当掌握当地军用机场净空保护有关情况，制定保护措施，督促有关单位对军用机场净空保护区域内的高大建筑物、构筑物或者其他设施设置飞行障碍标志。

第二十五条 在军用机场侧净空保护区域内原有自然障碍物附近新建高大建筑物、构筑物或者其他设施，必须符合国家有关机场净空的规定。

第二十六条 军民合用机场以及由军队管理的保留旧机场、公路飞行跑道的净空保护工作，适用军用机场净空保护的有关规定。

第五章 军用通信、输电线路和军用输油、输水管道的保护

第二十七条 军事设施保护法所称军用通信、输电线路包括：

（一）架空线路：电杆（杆塔）、电线（缆），变压器、配电室以及其他附属设施；

（二）埋设线路：地下、水底电（光）缆，管道、检查井、标石、水线标志牌，无人值守载波增音站，电缆充气站以及其他附属设施；

（三）无线线路：无人值守微波站、微波无源反射板、各

类无线电固定台（站）天线以及其他附属设施。

第二十八条 军事设施保护法所称军用输油、输水管道，是指专供军队使用的地面或者地下、水下输油、输水管道和管道沿线的加压站、计量站、处理场、油库、阀室、标志物以及其他附属设施。

第二十九条 军用通信、输电线路和军用输油、输水管道（以下简称军用管线）管理单位，应当加强维护管理工作，坚持巡查和测试检查制度；必要时，可以组织武装巡查，发现问题，及时处理。

第三十条 地方各级人民政府和驻地军事机关，应当根据实际情况组织军用管线沿线群众实行军民联防护线，采取委托看管、分段负责等形式，保护军用管线的安全。

第三十一条 地下军用管线应当设立路由标石或者永久性标志，易遭损坏的路段（部位）应当设置标志牌。水下军用管线应当在海图上标明。

第三十二条 军用管线的具体保护要求以及军用管线与其他设施相互妨碍的处理，按照国务院、中央军事委员会的有关规定执行。

第六章　军用无线电固定设施电磁
环境的保护

第三十三条 本办法所称军用无线电固定设施电磁环境（以下简称军用电磁环境），是指为保证军用无线电收（发）信、侦察、测向、雷达、导航定位等固定设施正常工作，在其周围划定的限制电磁干扰信号和电磁障碍物体的区域。

军用电磁环境的具体保护要求，按照国家规定的有关标准执行。

第三十四条 在军用电磁环境保护范围内，禁止建设、设置或者使用发射、辐射电磁信号的设备和电磁障碍物体。

第三十五条 地方在军用电磁环境保护范围内安排建设项目，对军用电磁环境可能产生影响的，应当按照规定征求有关军事机关的意见；必要时，可以由军事设施管理单位和地方有关部门共同对其干扰程度和电磁障碍物的影响情况进行测试和论证。

第三十六条 各级人民政府有关部门审批和验收军用电磁环境保护范围内的建设项目，应当审查发射、辐射电磁信号设备和电磁障碍物的状况，以及征求军事机关意见的情况；未征求军事机关意见或者不符合国家电磁环境保护标准的，不予办理建设或者使用许可手续。

第三十七条 军用无线电固定设施管理单位，应当掌握军用电磁环境保护情况，发现问题及时向上级军事机关和当地军事设施保护委员会报告。

第七章 边防设施和军用测量标志的保护

第三十八条 本办法所称边防设施，是指边防巡逻路、边境铁丝网（铁栅栏）、边境监控设备、边境管理辅助标志以及边防直升机起降场、边防船艇停泊点等由边防部队使用、管理的军事设施。

第三十九条 任何组织或者个人未经边防设施管理单位同意，不得擅自拆除或者移动边防设施。

第四十条　边境地区开辟口岸、互市贸易区、旅游景点或者修建道路、管线、桥梁等项目涉及边防设施的，应当按照有关规定征求军事机关的意见；需要迁建、改建边防设施的，应当报有关省、自治区、直辖市军事设施保护委员会批准；迁建、改建的边防设施的位置、质量、标准必须符合国家有关规定。

第四十一条　军用测量标志的保护，依照国家有关法律、法规的规定办理。

第八章　强制措施和法律责任

第四十二条　军事设施管理单位执勤人员遇有军事设施保护法第三十条所列违法行为，可以采取下列强制措施，予以制止：

（一）驱逐非法进入军事禁区的人员离开军事禁区；

（二）对用于实施违法行为的器材、工具或者其他物品予以扣押，对违法情节严重的人员予以扣留，立即移送公安机关或者国家安全机关；

（三）在紧急情况下，清除严重危害军事设施安全和使用效能的障碍物。

第四十三条　违反本办法第九条、第十条、第十一条的规定，在水域军事禁区、军事管理区内或者军民合用港口的水域建筑、设置非军事设施的，由城市规划、交通、渔业行政主管部门依据各自的职权责令停止兴建活动；已建成的，责令限期拆除。

第四十四条　违反本办法第九条、第十条的规定，擅自进入水域军事禁区，在水域军事禁区内从事水产养殖、捕捞，或者在水域军事管理区内从事水产养殖的，由交通、渔业行政主管部门依据各自的职权给予警告，责令离开，可以没收渔具、渔获物。

第四十五条　违反本办法第十六条的规定，在作战工程安全保护范围内开山采石、采矿、爆破、采伐林木的，由公安机关以及国土资源、林业行政主管部门依据各自的职权责令停止违法行为，没收采出的产品和违法所得；造成损失的，依法赔偿损失。

第四十六条　违反本办法第十六条的规定，擅自在作战工程安全保护范围内修筑建筑物、构筑物、道路或者进行农田水利基本建设的，由城市规划、交通、农业行政主管部门依据各自的职权给予警告，责令限期改正；造成损失的，依法赔偿损失。

第四十七条　违反本办法第十七条的规定，破坏作战工程封闭伪装，阻断作战工程通道，或者将作战工程用于堆物、种植、养殖的，由公安机关责令停止违法行为，限期恢复原状；造成损失的，依法赔偿损失。

第四十八条　违反本办法第二十条、第二十五条的规定，在军用机场净空保护区域内修建超出军用机场净空保护标准的建筑物、构筑物或者其他设施的，由城市规划行政主管部门责令限期拆除超高部分。

第四十九条　违反本办法第三十四条的规定，在军用电磁环境保护范围内建设、设置或者使用发射、辐射电磁信号的设备和电磁障碍物体的，由城市规划、信息产业行政主管部门依据各自的职权给予警告，责令限期改正；拒不改正的，查封干扰设备或者强制拆除障碍物。

第五十条　违反本办法第十八条、第三十九条、第四十条的规定，擅自拆除、迁建、改建作战工程、边防设施或者擅自移动边防设施的，由城市规划行政主管部门责令停止违法行为，限期恢复原状；造成损失的，依法赔偿损失。

第五十一条　违反本办法，构成违反治安管理行为的，由公安机关依法处罚；构成犯罪的，依法追究刑事责任。

第九章　附　则

第五十二条　中国人民武装警察部队所属军事设施的保护，适用军事设施保护法和本办法。

第五十三条　本办法自公布之日起施行。

中华人民共和国电力法

中华人民共和国主席令

第二十四号

《全国人民代表大会常务委员会关于修改〈中华人民共和国电力法〉等六部法律的决定》已由中华人民共和国第十二届全国人民代表大会常务委员会第十四次会议于 2015 年 4 月 24 日通过，现予公布，自公布之日起施行。

中华人民共和国主席　习近平

2015 年 4 月 24 日

（1995 年 12 月 28 日第八届全国人民代表大会常务委员会第十七次会议通过；根据 2009 年 8 月 27 日第十一届全国人民代表大会常务委员会第十次会议《关于修改部分法律的决定》第一次修正；根据 2015

年 4 月 24 日第十二届全国人民代表大会常务委员会
第十四次会议《关于修改〈中华人民共和国电力法〉
等六部法律的决定》第二次修正)

第一章 总 则

第一条 为了保障和促进电力事业的发展，维护电力投资者、经营者和使用者的合法权益，保障电力安全运行，制定本法。

第二条 本法适用于中华人民共和国境内的电力建设、生产、供应和使用活动。

第三条 电力事业应当适应国民经济和社会发展的需要，适当超前发展。国家鼓励、引导国内外的经济组织和个人依法投资开发电源，兴办电力生产企业。

电力事业投资，实行谁投资、谁收益的原则。

第四条 电力设施受国家保护。

禁止任何单位和个人危害电力设施安全或者非法侵占、使用电能。

第五条 电力建设、生产、供应和使用应当依法保护环境，采取新技术，减少有害物质排放，防治污染和其他公害。

国家鼓励和支持利用可再生能源和清洁能源发电。

第六条 国务院电力管理部门负责全国电力事业的监督管理。国务院有关部门在各自的职责范围内负责电力事业的监督管理。

县级以上地方人民政府经济综合主管部门是本行政区域

内的电力管理部门，负责电力事业的监督管理。县级以上地方人民政府有关部门在各自的职责范围内负责电力事业的监督管理。

第七条 电力建设企业、电力生产企业、电网经营企业依法实行自主经营、自负盈亏，并接受电力管理部门的监督。

第八条 国家帮助和扶持少数民族地区、边远地区和贫困地区发展电力事业。

第九条 国家鼓励在电力建设、生产、供应和使用过程中，采用先进的科学技术和管理方法，对在研究、开发、采用先进的科学技术和管理方法等方面作出显著成绩的单位和个人给予奖励。

第二章 电力建设

第十条 电力发展规划应当根据国民经济和社会发展的需要制定，并纳入国民经济和社会发展计划。

电力发展规划，应当体现合理利用能源、电源与电网配套发展、提高经济效益和有利于环境保护的原则。

第十一条 城市电网的建设与改造规划，应当纳入城市总体规划。城市人民政府应当按照规划，安排变电设施用地、输电线路走廊和电缆通道。

任何单位和个人不得非法占用变电设施用地、输电线路走廊和电缆通道。

第十二条 国家通过制定有关政策，支持、促进电力建设。

地方人民政府应当根据电力发展规划，因地制宜，采取多种措施开发电源，发展电力建设。

第十三条 电力投资者对其投资形成的电力，享有法定权益。并网运行的，电力投资者有优先使用权；未并网的自备电厂，电力投资者自行支配使用。

第十四条 电力建设项目应当符合电力发展规划，符合国家电力产业政策。

电力建设项目不得使用国家明令淘汰的电力设备和技术。

第十五条 输变电工程、调度通信自动化工程等电网配套工程和环境保护工程，应当与发电工程项目同时设计、同时建设、同时验收、同时投入使用。

第十六条 电力建设项目使用土地，应当依照有关法律、行政法规的规定办理；依法征收土地的，应当依法支付土地补偿费和安置补偿费，做好迁移居民的安置工作。

电力建设应当贯彻切实保护耕地、节约利用土地的原则。

地方人民政府对电力事业依法使用土地和迁移居民，应当予以支持和协助。

第十七条 地方人民政府应当支持电力企业为发电工程建设勘探水源和依法取水、用水。电力企业应当节约用水。

第三章 电力生产与电网管理

第十八条 电力生产与电网运行应当遵循安全、优质、经济的原则。

电网运行应当连续、稳定，保证供电可靠性。

第十九条 电力企业应当加强安全生产管理，坚持安全第一、预防为主的方针，建立、健全安全生产责任制度。

电力企业应当对电力设施定期进行检修和维护，保证其正常运行。

第二十条 发电燃料供应企业、运输企业和电力生产企业应当依照国务院有关规定或者合同约定供应、运输和接卸燃料。

第二十一条 电网运行实行统一调度、分级管理。任何单位和个人不得非法干预电网调度。

第二十二条 国家提倡电力生产企业与电网、电网与电网并网运行。具有独立法人资格的电力生产企业要求将生产的电力并网运行的，电网经营企业应当接受。

并网运行必须符合国家标准或者电力行业标准。

并网双方应当按照统一调度、分级管理和平等互利、协商一致的原则，签订并网协议，确定双方的权利和义务；并网双方达不成协议的，由省级以上电力管理部门协调决定。

第二十三条 电网调度管理办法，由国务院依照本办法的规定制定。

第四章 电力供应与使用

第二十四条 国家对电力供应和使用，实行安全用电、节约用电、计划用电的管理原则。

电力供应与使用办法由国务院依照本法的规定制定。

第二十五条 供电企业在批准的供电营业区内向用户供电。

供电营业区的划分，应当考虑电网的结构和供电合理性等因素。一个供电营业区内只设立一个供电营业机构。

省、自治区、直辖市范围内的供电营业区的设立、变更，由供电企业提出申请，经省、自治区、直辖市人民政府电力管理部门会同同级有关部门审查批准后，由省、自治区、直辖市人民政府电力管理部门发给《供电营业许可证》。跨省、自治区、直辖市的供电营业区的设立、变更，由国务院电力管理部门审查批准并发给《供电营业许可证》。

第二十六条 供电营业区内的供电营业机构，对本营业区内的用户有按照国家规定供电的义务；不得违反国家规定对其营业区内申请用电的单位和个人拒绝供电。

申请新装用电、临时用电、增加用电容量、变更用电和终止用电，应当依照规定的程序办理手续。

供电企业应当在其营业场所公告用电的程序、制度和收费标准，并提供用户须知资料。

第二十七条 电力供应与使用双方应当根据平等自愿、协商一致的原则，按照国务院制定的电力供应与使用办法签订供用电合同，确定双方的权利和义务。

第二十八条 供电企业应当保证供给用户的供电质量符合国家标准。对公用供电设施引起的供电质量问题，应当及时处理。

用户对供电质量有特殊要求的，供电企业应当根据其必要性和电网的可能，提供相应的电力。

第二十九条 供电企业在发电、供电系统正常的情况下，应当连续向用户供电，不得中断。因供电设施检修、依法限电或者用户违法用电等原因，需要中断供电时，供电企业应当按照国家有关规定事先通知用户。

用户对供电企业中断供电有异议的，可以向电力管理部门投诉；受理投诉的电力管理部门应当依法处理。

第三十条 因抢险救灾需要紧急供电时，供电企业必须尽速安排供电，所需供电工程费用和应付电费依照国家有关规定执行。

第三十一条 用户应当安装用电计量装置。用户使用的电力电量，以计量检定机构依法认可的用电计量装置的记录为准。

用户受电装置的设计、施工安装和运行管理，应当符合国家标准或者电力行业标准。

第三十二条 用户用电不得危害供电、用电安全和扰乱供电、用电秩序。

对危害供电、用电安全和扰乱供电、用电秩序的，供电企业有权制止。

第三十三条 供电企业应当按照国家核准的电价和用电计量装置的记录，向用户计收电费。

供电企业查电人员和抄表收费人员进入用户，进行用电安全检查或者抄表收费时，应当出示有关证件。

用户应当按照国家核准的电价和用电计量装置的记录，按时交纳电费；对供电企业查电人员和抄表收费人员依法履行职责，应当提供方便。

第三十四条 供电企业和用户应当遵守国家有关规定，采取有效措施，做好安全用电、节约用电和计划用电工作。

第五章 电价与电费

第三十五条 本法所称电价，是指电力生产企业的上网电价、电网间的互供电价、电网销售电价。

电价实行统一政策，统一定价原则，分级管理。

第三十六条 制定电价，应当合理补偿成本，合理确定收益，依法计入税金，坚持公平负担，促进电力建设。

第三十七条 上网电价实行同网同质同价。具体办法和实施步骤由国务院规定。

电力生产企业有特殊情况需另行制定上网电价的，具体办法由国务院规定。

第三十八条 跨省、自治区、直辖市电网和省级电网内的上网电价，由电力生产企业和电网经营企业协商提出方案，报国务院物价行政主管部门核准。

独立电网内的上网电价，由电力生产企业和电网经营企业协商提出方案，报有管理权的物价行政主管部门核准。

地方投资的电力生产企业所生产的电力，属于在省内各地区形成独立电网的或者自发自用的，其电价可以由省、自治区、直辖市人民政府管理。

第三十九条 跨省、自治区、直辖市电网和独立电网之间、省级电网和独立电网之间的互供电价，由双方协商提出方案，报国务院物价行政主管部门或者其授权的部门核准。

独立电网与独立电网之间的互供电价，由双方协商提出方案，报有管理权的物价行政主管部门核准。

第四十条 跨省、自治区、直辖市电网和省级电网的销售电价，由电网经营企业提出方案，报国务院物价行政主管部门或者其授权的部门核准。

独立电网的销售电价，由电网经营企业提出方案，报有管理权的物价行政主管部门核准。

第四十一条 国家实行分类电价和分时电价。分类标准和分时办法由国务院确定。

对同一电网内的同一电压等级、同一用电类别的用户，执行相同的电价标准。

第四十二条 用户用电增容收费标准，由国务院物价行政主管部门会同国务院电力管理部门制定。

第四十三条 任何单位不得超越电价管理权限制定电价。供电企业不得擅自变更电价。

第四十四条 禁止任何单位和个人在电费中加收其他费用；但是，法律、行政法规另有规定的，按照规定执行。地方集资办电在电费中加收费用的，由省、自治区、直辖市人民政府依照国务院有关规定制定办法。禁止供电企业在收取电费时，代收其他费用。

第四十五条 电价的管理办法，由国务院依照本法的规定制定。

第六章　农村电力建设和
农业用电

第四十六条　省、自治区、直辖市人民政府应当制定农村电气化发展规划，并将其纳入当地电力发展规划及国民经济和社会发展计划。

第四十七条　国家对农村电气化实行优惠政策，对少数民族地区、边远地区和贫困地区的农村电力建设给予重点扶持。

第四十八条　国家提倡农村开发水能资源，建设中、小型水电站，促进农村电气化。国家鼓励和支持农村利用太阳能、风能、地热能、生物质能和其他能源进行农村电源建设，增加农村电力供应。

第四十九条　县级以上地方人民政府及其经济综合主管部门在安排用电指标时，应当保证农业和农村用电的适当比例，优先保证农村排涝、抗旱和农业季节性生产用电。电力企业应当执行前款的用电安排，不得减少农业和农村用电指标。

第五十条　农业用电价格按照保本、微利的原则确定。农民生活用电与当地城镇居民生活用电应当逐步实行相同的电价。

第五十一条　农业和农村用电管理办法，由国务院依照本办法的规定制定。

第七章　电力设施保护

第五十二条　任何单位和个人不得危害发电设施、变电设施和电力线路设施及其有关辅助设施。

在电力设施周围进行爆破及其他可能危及电力设施安全的作业的，应当按照国务院有关电力设施保护的规定，经批准并采取确保电力设施安全的措施后，方可进行作业。

第五十三条 电力管理部门应当按照国务院有关电力设施保护的规定，对电力设施保护区设立标志。

任何单位和个人不得在依法划定的电力设施保护区内修建可能危及电力设施安全的建筑物、构筑物，不得种植可能危及电力设施安全的植物，不得堆放可能危及电力设施安全的物品。

在依法划定电力设施保护区前已经种植的植物妨碍电力设施安全的，应当修剪或者砍伐。

第五十四条 任何单位和个人需要在依法划定的电力设施保护区内进行可能危及电力设施安全的作业时，应当经电力管理部门批准并采取安全措施后，方可进行作业。

第五十五条 电力设施与公用工程、绿化工程和其他工程在新建、改建或者扩建中相互妨碍时，有关单位应当按照国家有关规定协商，达成协议后方可施工。

第八章 监督检查

第五十六条 电力管理部门依法对电力企业和用户执行电力法律、行政法规的情况进行监督检查。

第五十七条 电力管理部门根据工作需要，可以配备电力监督检查人员。

电力监督检查人员应当公正廉洁，秉公执法，熟悉电力法律、法规，掌握有关电力专业技术。

第五十八条 电力监督检查人员进行监督检查时，有权向电力企业或者用户了解有关执行电力法律、行政法规的情况，查阅有关资料，并有权进入现场进行检查。

电力企业和用户对执行监督检查任务的电力监督检查人员应当提供方便。

电力监督检查人员进行监督检查时，应当出示证件。

第九章 法律责任

第五十九条 电力企业或者用户违反供用电合同，给对方造成损失的，应当依法承担赔偿责任。

电力企业违反本法第二十八条、第二十九条第一款的规定，未保证供电质量或者未事先通知用户中断供电，给用户造成损失的，应当依法承担赔偿责任。

第六十条 因电力运行事故给用户或者第三人造成损害的，电力企业应当依法承担赔偿责任。

电力运行事故由下列原因之一造成的，电力企业不承担赔偿责任：

（一）不可抗力；

（二）用户自身的过错。

因用户或者第三人的过错给电力企业或者其他用户造成损害的，该用户或者第三人应当依法承担赔偿责任。

第六十一条 违反本法第十一条第二款的规定，非法占用变电设施用地、输电线路走廊或者电缆通道的，由县级以上地方人民政府责令限期改正；逾期不改正的，强制清除障碍。

第六十二条 违反本法第十四条规定，电力建设项目不符合电力发展规划、产业政策的，由电力管理部门责令停止建设。

违反本法第十四条规定，电力建设项目使用国家明令淘汰的电力设备和技术的，由电力管理部门责令停止使用，没收国家明令淘汰的电力设备，并处 5 万元以下的罚款。

第六十三条 违反本法第二十五条规定，未经许可，从事供电或者变更供电营业区的，由电力管理部门责令改正，没收违法所得，可以并处违法所得 5 倍以下的罚款。

第六十四条 违反本法第二十六条、第二十九条规定，拒绝供电或者中断供电的，由电力管理部门责令改正，给予警告；情节严重的，对有关主管人员和直接责任人员给予行政处分。

第六十五条 违反本法第三十二条规定，危害供电、用电安全或者扰乱供电、用电秩序的，由电力管理部门责令改正，给予警告；情节严重或者拒绝改正的，可以中止供电，可以并处 5 万元以下的罚款。

第六十六条 违反本法第三十三条、第四十三条、第四十四条规定，未按照国家核准的电价和用电计量装置的记录向用户计收电费、超越权限制定电价或者在电费中加收其他费用的，由物价行政主管部门给予警告，责令返还违法收取的费用，可以并处违法收取费用 5 倍以下的罚款；情节严重的，对有关主管人员和直接责任人员给予行政处分。

第六十七条　违反本法第四十九条第二款规定，减少农业和农村用电指标的，由电力管理部门责令改正；情节严重的，对有关主管人员和直接责任人员给予行政处分；造成损失的，责令赔偿损失。

第六十八条　违反本法第五十二条第二款和第五十四条规定，未经批准或者未采取安全措施在电力设施周围或者在依法划定的电力设施保护区内进行作业，危及电力设施安全的，由电力管理部门责令停止作业、恢复原状并赔偿损失。

第六十九条　违反本法第五十三条规定，在依法划定的电力设施保护区内修建建筑物、构筑物或者种植植物、堆放物品，危及电力设施安全的，由当地人民政府责令强制拆除、砍伐或者清除。

第七十条　有下列行为之一，应当给予治安管理处罚的，由公安机关依照治安管理处罚法的有关规定予以处罚；构成犯罪的，依法追究刑事责任：

（一）阻碍电力建设或者电力设施抢修，致使电力建设或者电力设施抢修不能正常进行的；

（二）扰乱电力生产企业、变电所、电力调度机构和供电企业的秩序，致使生产、工作和营业不能正常进行的；

（三）殴打、公然侮辱履行职务的查电人员或者抄表收费人员的；

（四）拒绝、阻碍电力监督检查人员依法执行职务的。

第七十一条　盗窃电能的，由电力管理部门责令停止违法行为，追缴电费并处应交电费 5 倍以下的罚款；构成犯罪的，依照刑法有关规定追究刑事责任。

第七十二条 盗窃电力设施或者以其他方法破坏电力设施，危害公共安全的，依照刑法有关规定追究刑事责任。

第七十三条 电力管理部门的工作人员滥用职权、玩忽职守、徇私舞弊，构成犯罪的，依法追究刑事责任；尚不构成犯罪的，依法给予行政处分。

第七十四条 电力企业职工违反规章制度、违章调度或者不服从调度指令，造成重大事故的，依照刑法有关规定追究刑事责任。

电力企业职工故意延误电力设施抢修或者抢险救灾供电，造成严重后果的，依照刑法有关规定追究刑事责任。

电力企业的管理人员和查电人员、抄表收费人员勒索用户、以电谋私，构成犯罪的，依法追究刑事责任；尚不构成犯罪的，依法给予行政处分。

第十章 附 则

第七十五条 本法自 1996 年 4 月 1 日起施行。

附　录

电力设施保护条例

中华人民共和国国务院令

第 239 号

　　现发布《国务院关于修改〈电力设施保护条例〉的决定》，自发布之日起施行。

总理　李鹏

1998 年 1 月 7 日

第一章　总　则

　　第一条　为保障电力生产和建设的顺利进行，维护公共安全，特制定本条例。

　　第二条　本条例适用于中华人民共和国境内已建或在建的电力设施（包括发电设施、变电设施和电力线路设施及其有关辅助设施，下同）。

　　第三条　电力设施的保护，实行电力管理部门、公安部门、电力企业和人民群众相结合的原则。

第四条　电力设施受国家法律保护，禁止任何单位或个人从事危害电力设施的行为。任何单位和个人都有保护电力设施的义务，对危害电力设施的行为，有权制止并向电力管理部门、公安部门报告。

电力企业应加强对电力设施的保护工作，对危害电力设施安全的行为，应采取适当措施，予以制止。

第五条　国务院电力管理部门对电力设施的保护负责监督、检查、指导和协调。

第六条　县以上地方各级电力管理部门保护电力设施的职责是：

（一）监督、检查本条例及根据本条例制定的规章的贯彻执行；

（二）开展保护电力设施的宣传教育工作；

（三）会同有关部门及沿电力线路各单位，建立群众护线组织并健全责任制；

（四）会同当地公安部门，负责所辖地区电力设施的安全保卫工作。

第七条　各级公安部门负责依法查处破坏电力设施或哄抢、盗窃电力设施器材的案件。

第二章　电力设施的保护范围和保护区

第八条　发电设施、变电设施的保护范围：

（一）发电厂、变电站、换流站、开关站等厂、站内的设施；

（二）发电厂、变电站外各种专用的管道（沟）、储灰

场、水井、泵站、冷却水塔、油库、堤坝、铁路、道路、桥梁、码头、燃料装卸设施、避雷装置、消防设施及其有关辅助设施;

(三)水力发电厂使用的水库、大坝、取水口、引水隧洞(含支洞口)、引水渠道、调压井(塔)、露天高压管道、厂房、尾水渠、厂房与大坝间的通信设施及其有关辅助设施。

第九条 电力线路设施的保护范围:

(一)架空电力线路:杆塔、基础、拉线、接地装置、导线、避雷线、金具、绝缘子、登杆塔的爬梯和脚钉,导线跨越航道的保护设施,巡(保)线站,巡视检修专用道路、船舶和桥梁,标志牌及其有关辅助设施;

(二)电力电缆线路:架空、地下、水底电力电缆和电缆联结装置,电缆管道、电缆隧道、电缆沟、电缆桥,电缆井、盖板、入孔、标石、水线标志牌及其有关辅助设施;

(三)电力线路上的变压器、电容器、电抗器、断路器、隔离开关、避雷器、互感器、熔断器、计量仪表装置、配电室、箱式变电站及其有关辅助设施;

(四)电力调度设施:电力调度场所、电力调度通信设施、电网调度自动化设施、电网运行控制设施。

第十条 电力线路保护区:

(一)架空电力线路保护区:导线边线向外侧水平延伸并垂直于地面所形成的两平行面内的区域,在一般地区各级电压导线的边线延伸距离如下:

1-10 千伏   5 米

35-110 千伏   10 米

154～330 千伏　　15 米

500 千伏　　20 米

在厂矿、城镇等人口密集地区，架空电力线路保护区的区域可略小于上述规定。但各级电压导线边线延伸的距离，不应小于导线边线在最大计算弧垂及最大计算风偏后的水平距离和风偏后距建筑物的安全距离之和。

（二）电力电缆线路保护区：地下电缆为电缆线路地面标桩两侧各 0.75 米所形成的两平行线内的区域；海底电缆一般为线路两侧各 2 海里（港内为两侧各 100 米），江河电缆一般不小于线路两侧各 100 米（中、小河流一般不小于各 50 米）所形成的两平行线内的水域。

第三章　电力设施的保护

第十一条　县以上地方各级电力管理部门应采取以下措施，保护电力设施：

（一）在必要的架空电力线路保护区的区界上，应设立标志，并标明保护区的宽度和保护规定；

（二）在架空电力线路导线跨越重要公路和航道的区段，应设立标志，并标明导线距穿越物体之间的安全距离；

（三）地下电缆铺设后，应设立永久性标志，并将地下电缆所在位置书面通知有关部门；

（四）水底电缆敷设后，应设立永久性标志，并将水底电缆所在位置书面通知有关部门。

第十二条　任何单位或个人在电力设施周围进行爆破作业，必须按照国家有关规定，确保电力设施的安全。

第十三条 任何单位或个人不得从事下列危害发电设施、变电设施的行为：

（一）闯入发电厂、变电站内扰乱生产和工作秩序，移动、损害标志物；

（二）危及输水、输油、供热、排灰等管道（沟）的安全运行；

（三）影响专用铁路、公路、桥梁、码头的使用；

（四）在用于水力发电的水库内，进入距水工建筑物300米区域内炸鱼、捕鱼、游泳、划船及其他可能危及水工建筑物安全的行为；

（五）其他危害发电、变电设施的行为。

第十四条 任何单位或个人，不得从事下列危害电力线路设施的行为：

（一）向电力线路设施射击；

（二）向导线抛掷物体；

（三）在架空电力线路导线两侧各300米的区域内放风筝；

（四）擅自在导线上接用电器设备；

（五）擅自攀登杆塔或在杆塔上架设电力线、通信线、广播线，安装广播喇叭；

（六）利用杆塔、拉线作起重牵引地锚；

（七）在杆塔、拉线上拴牲畜、悬挂物体、攀附农作物；

（八）在杆塔、拉线基础的规定范围内取土、打桩、钻探、开挖或倾倒酸、碱、盐及其他有害化学物品；

（九）在杆塔内（不含杆塔与杆塔之间）或杆塔与拉线

之间修筑道路；

（十） 拆卸杆塔或拉线上的器材，移动、损坏永久性标志或标志牌；

（十一） 其他危害电力线路设施的行为。

第十五条 任何单位或个人在架空电力线路保护区内，必须遵守下列规定：

（一） 不得堆放谷物、草料、垃圾、矿渣、易燃物、易爆物及其他影响安全供电的物品；

（二） 不得烧窑、烧荒；

（三） 不得兴建建筑物、构筑物；

（四） 不得种植可能危及电力设施安全的植物。

第十六条 任何单位或个人在电力电缆线路保护区内，必须遵守下列规定：

（一） 不得在地下电缆保护区内堆放垃圾、矿渣、易燃物、易爆物，倾倒酸、碱、盐及其他有害化学物品，兴建建筑物、构筑物或种植树木、竹子；

（二） 不得在海底电缆保护区内抛锚、拖锚；

（三） 不得在江河电缆保护区内抛锚、拖锚、炸鱼、挖沙。

第十七条 任何单位或个人必须经县级以上地方电力管理部门批准，并采取安全措施后，方可进行下列作业或活动：

（一） 在架空电力线路保护区内进行农田水利基本建设工程及打桩、钻探、开挖等作业；

（二） 起重机械的任何部位进入架空电力线路保护区进行施工；

（三）小于导线距穿越物体之间的安全距离，通过架空电力线路保护区；

（四）在电力电缆线路保护区内进行作业。

第十八条　任何单位或个人不得从事下列危害电力设施建设的行为：

（一）非法侵占电力设施建设项目依法征收的土地；

（二）涂改、移动、损害、拔除电力设施建设的测量标桩和标记；

（三）破坏、封堵施工道路，截断施工水源或电源。

第十九条　未经有关部门依照国家有关规定批准，任何单位和个人不得收购电力设施器材。

第四章　对电力设施与其他设施
互相妨碍的处理

第二十条　电力设施的建设和保护应尽量避免或减少给国家、集体和个人造成的损失。

第二十一条　新建架空电力线路不得跨越储存易燃、易爆物品仓库的区域；一般不得跨越房屋，特殊情况需要跨越房屋时，电力建设企业应采取安全措施，并与有关单位达成协议。

第二十二条　公用工程、城市绿化和其他工程在新建、改建或扩建中妨碍电力设施时，或电力设施在新建、改建或扩建中妨碍公用工程、城市绿化和其他工程时，双方有关单位必须按照本条例和国家有关规定协商，就迁移、采取必要的防护措施和补偿等问题达成协议后方可施工。

第二十三条 电力管理部门应将经批准的电力设施新建、改建或扩建的规划和计划通知城乡建设规划主管部门，并划定保护区域。

城乡建设规划主管部门应将电力设施的新建、改建或扩建的规划和计划纳入城乡建设规划。

第二十四条 新建、改建或扩建电力设施，需要损害农作物，砍伐树木、竹子，或拆迁建筑物及其他设施的，电力建设企业应按照国家有关规定给予一次性补偿。

在依法划定的电力设施保护区内种植的或自然生长的可能危及电力设施安全的树木、竹子，电力企业应依法予以修剪或砍伐。

第五章 奖励与惩罚

第二十五条 任何单位或个人有下列行为之一，电力管理部门应给予表彰或一次性物质奖励：

（一）对破坏电力设施或哄抢、盗窃电力设施器材的行为检举、揭发有功；

（二）对破坏电力设施或哄抢、盗窃电力设施器材的行为进行斗争，有效地防止事故发生；

（三）为保护电力设施而同自然灾害作斗争，成绩突出；

（四）为维护电力设施安全，做出显著成绩。

第二十六条 违反本条例规定，未经批准或未采取安全措施，在电力设施周围或在依法划定的电力设施保护区内进行爆破或其他作业，危及电力设施安全的，由电力管理部门责令停止作业、恢复原状并赔偿损失。

第二十七条　违反本条例规定，危害发电设施、变电设施和电力线路设施的，由电力管理部门责令改正；拒不改正的，处 1 万元以下的罚款。

第二十八条　违反本条例规定，在依法划定的电力设施保护区内进行烧窑、烧荒、抛锚、拖锚、炸鱼、挖沙作业，危及电力设施安全的，由电力管理部门责令停止作业、恢复原状并赔偿损失。

第二十九条　违反本条例规定，危害电力设施建设的，由电力管理部门责令改正、恢复原状并赔偿损失。

第三十条　凡违反本条例规定而构成违反治安管理行为的单位或个人，由公安部门根据《中华人民共和国治安管理处罚法》予以处罚；构成犯罪的，由司法机关依法追究刑事责任。

第六章　附　则

第三十一条　国务院电力管理部门可以会同国务院有关部门制定本条例的实施细则。

第三十二条　本条例自发布之日起施行。

电力设施保护条例实施细则

中华人民共和国国家经济贸易委员会
中华人民共和国公安部令
第 8 号

根据 1998 年 1 月 7 日《国务院关于修改〈电力设施保护条例〉的决定》，《电力设施保护条例》已经修改并重新发布实施。根据《电力设施保护条例》第三十一条规定，国家经济贸易委员会、公安部对1992 年 12 月 2 日能源部、公安部批准发布的《电力设施保护条例实施细则》做了重新修改，现发布实施。

中华人民共和国国家经贸委
中华人民共和国公安部
1999 年 3 月 18 日

第一条 根据《电力设施保护条例》（以下简称《条例》）第三十一条规定，制定本实施细则。

第二条 本细则适用于中华人民共和国境内国有、集体、外资、合资、个人已建或在建的电力设施。

第三条 电力管理部门、公安部门、电力企业和人民群众都有保护电力设施的义务。各级地方人民政府设立的由同级人民政府所属有关部门和电力企业（包括：电网经营企业、供电企业、发电企业）负责人组成的电力设施保护领导小组，负责领导所辖行政区域内电力设施的保护工作，其办事机构设在相应的电网经营企业，负责电力设施保护的日常工作。

电力设施保护领导小组，应当在有关电力线路沿线组织群众护线，群众护线组织成员由相应的电力设施保护领导小组发给护线证件。

各省（自治区、直辖市）电力管理部门可制定办法，规定群众护线组织形式、权利、义务、责任等。

第四条 电力企业必须加强对电力设施的保护工作。对危害电力设施安全的行为，电力企业有权制止并可以劝其改正、责其恢复原状、强行排除妨害，责令赔偿损失、请求有关行政主管部门和司法机关处理，以及采取法律、法规或政府授权的其他必要手段。

第五条 架空电力线路保护区，是为了保证已建架空电力线路的安全运行和保障人民生活的正常供电而必须设置的安全区域。在厂矿、城镇、集镇、村庄等人口密集地区，架空电力线路保护区为导线边线在最大计算风偏后的水平距离和风偏后距建筑物的水平安全距离之和所形成的两平行线内的区域。各级电压导线边线在计算导线最大风偏情况下，距建筑物的水平安全距离如下：

1千伏　　1.0米

1-10千伏　　1.5米

35千伏　　3.0米

66-110千伏　　4.0米

154-220 千伏　　5.0 米

330 千伏　　6.0 米

500 千伏　　8.5 米

第六条　江河电缆保护区的宽度为：

（一）敷设于二级及以上航道时，为线路两侧各 100 米所形成的两平行线内的水域；

（二）敷设于三级及以下航道时，为线路两侧各 50 米所形成的两平行线内的水域。

第七条　地下电力电缆保护区的宽度为地下电力电缆线路地面标桩两侧各 0.75 米所形成两平行线内区域。

发电设施附属的输油、输灰、输水管线的保护区依本条规定确定。

在保护区内禁止使用机械掘土、种植林木；禁止挖坑、取土、兴建建筑物和构筑物；不得堆放杂物或倾倒酸、碱、盐及其他有害化学物品。

第八条　禁止在电力电缆沟内同时埋设其他管道。未经电力企业同意，不准在地下电力电缆沟内埋设输油、输气等易燃易爆管道。管道交叉通过时，有关单位应当协商，并采取安全措施，达成协议后方可施工。

第九条　电力管理部门应在下列地点设置安全标志：

（一）架空电力线路穿越的人口密集地段；

（二）架空电力线路穿越的人员活动频繁的地区；

（三）车辆、机械频繁穿越架空电力线路的地段；

（四）电力线路上的变压器平台。

第十条　任何单位和个人不得在距电力设施周围五百米

范围内（指水平距离）进行爆破作业。因工作需要必须进行爆破作业时，应当按国家颁发的有关爆破作业的法律法规，采取可靠的安全防范措施，确保电力设施安全，并征得当地电力设施产权单位或管理部门的书面同意，报经政府有关管理部门批准。

在规定范围外进行的爆破作业必须确保电力设施的安全。

第十一条　任何单位或个人不得冲击、扰乱发电、供电企业的生产和工作秩序，不得移动、损害生产场所的生产设施及标志物。

第十二条　任何单位或个人不得在距架空电力线路杆塔、拉线基础外缘的下列范围内进行取土、打桩、钻探、开挖或倾倒酸、碱、盐及其他有害化学物品的活动：

（一）35千伏及以下电力线路杆塔、拉线周围5米的区域；

（二）66千伏及以上电力线路杆塔、拉线周围10米的区域。

在杆塔、拉线基础的上述距离范围外进行取土、堆物、打桩、钻探、开挖活动时，必须遵守下列要求：

（一）预留出通往杆塔、拉线基础供巡视和检修人员、车辆通行的道路；

（二）不得影响基础的稳定，如可能引起基础周围土壤、砂石滑坡，进行上述活动的单位或个人应当负责修筑护坡加固；

（三）不得损坏电力设施接地装置或改变其埋设深度。

第十三条　在架空电力线路保护区内，任何单位或个人不得种植可能危及电力设施和供电安全的树木、竹子等高杆植物。

第十四条　超过 4 米高度的车辆或机械通过架空电力线路时，必须采取安全措施，并经县级以上的电力管理部门批准。

第十五条　架空电力线路一般不得跨越房屋。对架空电力线路通道内的原有房屋，架空电力线路建设单位应当与房屋产权所有者协商搬迁，拆迁费不得超出国家规定标准；特殊情况需要跨越房屋时，设计建设单位应当采取增加杆塔高度、缩短档距等安全措施，以保证被跨越房屋的安全。被跨越房屋不得再行增加高度。超越房屋的物体高度或房屋周边延伸出的物体长度必须符合安全距离的要求。

第十六条　架空电力线路建设项目和公用工程、城市绿化及其他工程之间发生妨碍时，按下述原则处理：

（一）新建架空电力线路建设工程、项目需穿过林区时，应当按国家有关电力设计的规程砍伐出通道，通道内不得再种植树木；对需砍伐的树木由架空电力线路建设单位按国家的规定办理手续和付给树木所有者一次性补偿费用，并与其签定不再在通道内种植树木的协议。

（二）架空电力线路建设项目、计划已经当地城市建设规划主管部门批准的，园林部门对影响架空电力线路安全运行的树木，应当负责修剪，并保持今后树木自然生长最终高度和架空电力线路导线之间的距离符合安全距离的要求。

（三）根据城市绿化规划的要求，必须在已建架空电力线路保护区内种植树木时，园林部门需与电力管理部门协商，征得同意后，可种植低矮树种，并由园林部门负责修剪以保持树木自然生长最终高度和架空电力线路导线之间的距离符合安全距离的要求。

（四）架空电力线路导线在最大弧垂或最大风偏后与树木之间的安全距离为：

电压等级	最大风偏距离	最大垂直距离
35-110 千伏	3.5 米	4.0 米
154-220 千伏	4.0 米	4.5 米
330 千伏	5.0 米	5.5 米
500 千伏	7.0 米	7.0 米

对不符合上述要求的树木应当依法进行修剪或砍伐，所需费用由树木所有者负担。

第十七条 城乡建设规划主管部门审批或规划已建电力设施（或已经批准新建、改建、扩建、规划的电力设施）两侧的新建建筑物时，应当会同当地电力管理部门审查后批准。

第十八条 在依法划定的电力设施保护区内，任何单位和个人不得种植危及电力设施安全的树木、竹子或高杆植物。

电力企业对已划定的电力设施保护区域内新种植或自然生长的可能危及电力设施安全的树木、竹子，应当予以砍伐，并不予支付林木补偿费、林地补偿费、植被恢复费等任何费用。

第十九条 电力管理部门对检举、揭发破坏电力设施或哄抢、盗窃电力设施器材的行为符合事实的单位或个人，给予 2000 元以下的奖励；对同破坏电力设施或哄抢、盗窃电力设施器材的行为进行斗争并防止事故发生的单位或个人，给予 2000 元以上的奖励；对为保护电力设施与自然灾害作斗争，成绩突出或为维护电力设施安全做出显著成绩的单位或个人，根据贡献大小，给予相应物质奖励。

对维护、保护电力设施作出重大贡献的单位或个人，除按以上规定给予物质奖励外，还可由电力管理部门、公安部门或当地人民政府根据各自的权限给予表彰或荣誉奖励。

第二十条　下列危害电力设施的行为，情节显著轻微的，由电力管理部门责令改正；拒不改正的，处 1000 元以上 10000 元以下罚款：

（一）损坏使用中的杆塔基础的；

（二）损坏、拆卸、盗窃使用中或备用塔材、导线等电力设施的；

（三）拆卸、盗窃使用中或备用变压器等电力设备的。破坏电力设备、危害公共安全构成犯罪的，依法追究其刑事责任。

第二十一条　下列违反《电力设施保护条例》和本细则的行为，尚不构成犯罪的，由公安机关依据《中华人民共和国治安管理处罚法》予以处理：

（一）盗窃、哄抢库存或者已废弃停止使用的电力设施器材的；

（二）盗窃、哄抢尚未安装完毕或尚未交付使用单位验收的电力设施的；

（三）其他违反治安管理的行为。

第二十二条 电力管理部门为保护电力设施安全，对违法行为予以行政处罚，应当依照法定程序进行。

第二十三条 本实施细则自发布之日起施行，原能源部、公安部 1992 年 12 月 2 日发布的《电力设施保护条例实施细则》同时废止。

电力供应与使用条例

中华人民共和国国务院令

第 666 号

《国务院关于修改部分行政法规的决定》已经 2016 年 1 月 13 日国务院第 119 次常务会议通过，现予公布，自公布之日起施行。

总理　李克强

2016 年 2 月 6 日

（1996 年 4 月 17 日国务院令第 196 号发布；根据 2016 年 2 月 6 日《国务院关于修改部分行政法规的决定》修正）

第一章　总　则

第一条　为了加强电力供应与使用的管理，保障供电、用电双方的合法权益，维护供电、用电秩序，安全、经济、合理地供电和用电，根据《中华人民共和国电力法》制定本条例。

第二条　在中华人民共和国境内，电力供应企业（以下称供电企业）和电力使用者（以下称用户）以及与电力供应、使用有关的单位和个人，必须遵守本条例。

第三条　国务院电力管理部门负责全国电力供应与使用的监督管理工作。县级以上地方人民政府电力管理部门负责本行政区域内电力供应与使用的监督管理工作。

第四条　电网经营企业依法负责本供区内的电力供应与使用的业务工作，并接受电力管理部门的监督。

第五条　国家对电力供应和使用实行安全用电、节约用电、计划用电的管理原则。供电企业和用户应当遵守国家有关规定，采取有效措施，做好安全用电、节约用电、计划用电工作。

第六条　供电企业和用户应当根据平等自愿、协商一致的原则签订供用电合同。

第七条　电力管理部门应当加强对供用电的监督管理，协调供用电各方关系，禁止危害供用电安全和非法侵占电能的行为。

第二章　营业区

第八条　供电企业在批准的供电营业区内向用户供电。供电营业区的划分，应当考虑电网的结构和供电合理性等因素。一个供电营业区内只设立一个供电营业机构。

第九条　省、自治区、直辖市范围内的供电营业区的设立、变更，由供电企业提出申请，经省、自治区、直辖市人民政府电力管理部门会同同级有关部门审查批准后，由省、自治区、直辖市人民政府电力管理部门发给《供电营业许可证》。跨省、自治区、直辖市的供电营业区的设立、变更，由国务院电力管理部门审查批准并发给《供电营业许可证》。电网经营企业应当根据电网结构和供电合理性的原则协助电力管理部门划分供电营业区。供电营业区的划分和管理办法，由国务院电力管理部门制定。

第十条 并网运行的电力生产企业按照并网协议运行后，送入电网的电力、电量由供电营业机构统一经销。

第十一条 用户用电容量超过其所在的供电营业区内供电企业供电能力的，由省级以上电力管理部门指定的其他供电企业供电。

第三章　供电设施

第十二条 县级以上各级人民政府应当将城乡电网的建设与改造规划，纳入城市建设和乡村建设的总体规划。各级电力管理部门应当会同有关行政主管部门和电网经营企业做好城乡电网建设和改造的规划。供电企业应当按照规划做好供电设施建设和运行管理工作。

第十三条 地方各级人民政府应当按照城市建设和乡村建设的总体规划统筹安排城乡供电线路走廊、电缆通道、区域变电所、区域配电所和营业网点的用地。供电企业可以按照国家有关规定在规划的线路走廊、电缆通道、区域变电所、区域配电所和营业网点的用地上，架线、敷设电缆和建设公用供电设施。

第十四条 公用路灯由乡、民族乡、镇人民政府或者县级以上地方人民政府有关部门负责建设，并负责运行维护和交付电费，也可以委托供电企业代为有偿设计、施工和维护管理。

第十五条 供电设施、受电设施的设计、施工、试验和运行，应当符合国家标准或者电力行业标准。

第十六条 供电企业和用户对供电设施、受电设施进行建设和维护时，作业区域内的有关单位和个人应当给予协助，提供方便；因作业对建筑物或者农作物造成损坏的，应当依照有关法律、行政法规的规定负责修复或者给予合理的补偿。

第十七条 公用供电设施建成投产后，由供电单位统一维护管理。经电力管理部门批准，供电企业可以使用、改造、扩建该供电设施。共用供电设施的维护管理，由产权单位协商确定，产权单位可自行维护管理，也可以委托供电企业维护管理。用户专用的供电设施建成投产后，由用户维护管理或者委托供电企业维护管理。

第十八条 因建设需要，必须对已建成的供电设施进行迁移、改造或者采取防护措施时，建设单位应当事先与该供电设施管理单位协商，所需工程费用由建设单位负担。

第四章 电力供应

第十九条 用户受电端的供电质量应当符合国家标准或者电力行业标准。

第二十条 供电方式应当按照安全、可靠、经济、合理和便于管理的原则，由电力供应与使用双方根据国家有关规定以及电网规划、用电需求和当地供电条件等因素协商确定。在公用供电设施未到达的地区，供电企业可以委托有供电能力的单位就近供电。非经供电企业委托，任何单位不得擅自向外供电。

第二十一条 因抢险救灾需要紧急供电时，供电企业必须尽速安排供电。所需工程费用和应付电费由有关地方人民政府有关部门从抢险救灾经费中支出，但是抗旱用电应当由用户交付电费。

第二十二条 用户对供电质量有特殊要求的，供电企业应当根据其必要性和电网的可能，提供相应的电力。

第二十三条 申请新装用电、临时用电、增加用电容量、变更用电和终止用电，均应当到当地供电企业办理手续，并按照国家有关规定交付费用；供电企业没有不予供电的合理理由的，应当供电。供电企业应当在其营业场所公告用电的程序、制度和收费标准。

第二十四条 供电企业应当按照国家标准或者电力行业标准参与用户受送电装置设计图纸的审核，对用户受送电装置隐蔽工程的施工过程实施监督，并在该受送电装置工程竣工后进行检验；检验合格的，方可投入使用。

第二十五条 供电企业应当按照国家有关规定实行分类电价、分时电价。

第二十六条 用户应当安装用电计量装置。用户使用的电力、电量，以计量检定机构依法认可的用电计量装置的记录为准。用电计量装置，应当安装在供电设施与受电设施的产权分界处。安装在用户处的用电计量装置，由用户负责保护。

第二十七条 供电企业应当按照国家核准的电价和用电计量装置的记录，向用户计收电费。用户应当按照国家批准的电价，并按照规定的期限、方式或者合同约定的办法，交付电费。

第二十八条　除本条例另有规定外，在发电、供电系统正常运行的情况下，供电企业应当连续向用户供电；因故需要停止供电时，应当按照下列要求事先通知用户或者进行公告：（一）因供电设施计划检修需要停电时，供电企业应当提前7天通知用户或者进行公告；（二）因供电设施临时检修需要停止供电时，供电企业应当提前24小时通知重要用户；（三）因发电、供电系统发生故障需要停电、限电时，供电企业应当按照事先确定的限电序位进行停电或者限电。引起停电或者限电的原因消除后，供电企业应当尽快恢复供电。

第五章　电力使用

第二十九条　县级以上人民政府电力管理部门应当遵照国家产业政策，按照统筹兼顾、保证重点、择优供应的原则，做好计划用电工作。供电企业和用户应当制订节约用电计划，推广和采用节约用电的新技术、新材料、新工艺、新设备，降低电能消耗。供电企业和用户应当采用先进技术、采取科学管理措施，安全供电、用电，避免发生事故，维护公共安全。

第三十条　用户不得有下列危害供电、用电安全，扰乱正常供电、用电秩序的行为：

（一）擅自改变用电类别；

（二）擅自超过合同约定的容量用电；

（三）擅自超过计划分配的用电指标的；

（四）擅自使用已经在供电企业办理暂停使用手续的电力设备，或者擅自启用已经被供电企业查封的电力设备；

（五）擅自迁移、更动或者擅自操作供电企业的用电计量装置、电力负荷控制装置、供电设施以及约定由供电企业调度的用户受电设备；

（六）未经供电企业许可，擅自引入、供出电源或者将自备电源擅自并网。

第三十一条 禁止窃电行为。窃电行为包括：

（一）在供电企业的供电设施上，擅自接线用电；

（二）绕越供电企业的用电计量装置用电；

（三）伪造或者开启法定的或者授权的计量检定机构加封的用电计量装置封印用电；

（四）故意损坏供电企业用电计量装置；

（五）故意使供电企业的用电计量装置计量不准或者失效；

（六）采用其他方法窃电。

第六章 供电合同

第三十二条 供电企业和用户应当在供电前根据用户需要和供电企业的供电能力签订供用电合同。

第三十三条 供用电合同应当具备以下条款：

（一）供电方式、供电质量和供电时间；

（二）用电容量和用电地址、用电性质；

（三）计量方式和电价、电费结算方式；

（四）供用电设施维护责任的划分；

（五）合同的有效期限；

（六）违约责任；

（七）双方共同认为应当约定的其他条款。

第三十四条 供电企业应当按照合同约定的数量、质量、时间、方式，合理调度和安全供电。用户应当按照合同约定的数量、条件用电，交付电费和国家规定的其他费用。

第三十五条 供用电合同的变更或者解除，应当依照有关法律、行政法规和本条例的规定办理。

第七章　监督与管理

第三十六条 电力管理部门应当加强对供电、用电的监督和管理。供电、用电监督检查工作人员必须具备相应的条件。供电、用电监督检查工作人员执行公务时，应当出示证件。供电、用电监督检查管理的具体办法，由国务院电力管理部门另行制定。

第三十七条 在用户受送电装置上作业的电工，必须经电力管理部门考核合格，取得电力管理部门颁发的《电工进网作业许可证》，方可上岗作业。

承装、承修、承试供电设施和受电设施的单位，必须经电力管理部门审核合格，取得电力管理部门颁发的《承装（修）电力设施许可证》。

第八章　法律责任

第三十八条 违反本条例规定，有下列行为之一的，由电力管理部门责令改正，没收违法所得，可以并处违法所得 5 倍以下的罚款：

（一）未按照规定取得《供电营业许可证》，从事电力供应业务的；

（二）擅自伸入或者跨越供电营业区供电的；

（三）擅自向外转供电的。

第三十九条 违反本条例第二十七条规定，逾期未交付电费的，供电企业可以从逾期之日起，每日按照电费总额的 1‰ 至 3‰ 加收违约金，具体比例由供用电双方在供用电合同中约定；自逾期之日起计算超过 30 日，经催交仍未交付电费的，供电企业可以按照国家规定的程序停止供电。

第四十条 违反本条例第三十条规定，违章用电的，供电企业可以根据违章事实和造成的后果追缴电费，并按照国务院电力管理部门的规定加收电费和国家规定的其他费用；情节严重的，可以按照国家规定的程序停止供电。

第四十一条 违反本条例第三十一条规定，盗窃电能的，由电力管理部门责令停止违法行为，追缴电费并处应交电费 5 倍以下的罚款；构成犯罪的，依法追究刑事责任。

第四十二条 供电企业或者用户违反供用电合同，给对方造成损失的，应当依法承担赔偿责任。

第四十三条 因电力运行事故给用户或者第三人造成损害的，供电企业应当依法承担赔偿责任。因用户或者第三人的过错给供电企业或者其他用户造成损害的，该用户或者第三人应当依法承担赔偿责任。

第四十四条 供电企业职工违反规章制度造成供电事故的，或者滥用职权、利用职务之便谋取私利的，依法给予行政处分；构成犯罪的，依法追究刑事责任。

第九章 附 则

第四十五条 本条例自 1996 年 9 月 1 日起施行。

电网调度管理条例

中华人民共和国国务院令

第 588 号

《国务院关于废止和修改部分行政法规的决定》已经 2010 年 12 月 29 日国务院第 138 次常务会议通过，现予公布，自公布之日起施行。

总理　温家宝

二〇一一年一月八日

（1993 年 6 月 29 日国务院令第 115 号发布；根据 2011 年 1 月 8 日《国务院关于废止和修改部分行政法规的决定》修正）

第一章　总　则

第一条　为了加强电网调度管理，保障电网安全，保护用户利益，适应经济建设和人民生活的需要，制定本条例。

第二条　本条例所称电网调度，是指电网调度机构（以下简称调度机构）为保障电网的安全、优质、经济运行，对电网运行进行的组织、指挥、指导和协调。

电网调度应当符合社会主义市场经济的要求和电网运行的客观规律。

第三条 中华人民共和国境内的发电、供电、用电单位以及其他有关单位和个人，必须遵守本条例。

第四条 电网运行实行统一调度、分级管理的原则。

第五条 任何单位和个人不得超计划分配电力和电量，不得超计划使用电力和电量；遇有特殊情况，需要变更计划的，须经用电计划下达部门批准。

第六条 国务院电力行政主管部门主管电网调度工作。

第二章 调度系统

第七条 调度机构的职权及其调度管辖范围的划分原则，由国务院电力行政主管部门确定。

第八条 调度机构直接调度的发电厂的划定原则，由国务院电力行政主管部门确定。

第九条 调度系统包括各级调度机构和电网内的发电厂、变电站的运行值班单位。

下级调度机构必须服从上级调度机构的调度。

调度机构调度管辖范围内的发电厂、变电站的运行值班单位，必须服从该级调度机构的调度。

第十条 调度机构分为五级：国家调度机构，跨省、自治区、直辖市调度机构，省、自治区、直辖市级调度机构，省辖市级调度机构，县级调度机构。

第十一条 调度系统值班人员须经培训、考核并取得合格证书方得上岗。

调度系统值班人员的培训、考核办法由国务院电力行政主管部门制定。

第三章 调度计划

第十二条 跨省电网管理部门和省级电网管理部门应当编制发电、供电计划，并将发电、供电计划报送国务院电力行政主管部门备案。

调度机构应当编制下达发电、供电调度计划。

值班调度人员可以按照有关规定，根据电网运行情况，调整日发电、供电调度计划。值班调度人员调整日发电、供电调度计划时，必须填写调度值班日志。

第十三条 跨省电网管理部门和省级电网管理部门编制发电、供电计划，调度机构编制发电、供电调度计划时，应当根据国家下达的计划、有关的供电协议和并网协议、电网的设备能力，并留有备用容量。

对具有综合效益的水电厂（站）的水库，应当根据批准的水电厂（站）的设计文件，并考虑防洪、灌溉、发电、环保、航运等要求，合理运用水库蓄水。

第十四条 跨省电网管理部门和省级电网管理部门遇有下列情形之一，需要调整发电、供电计划时，应当通知有关地方人民政府的有关部门：

（一）大中型水电厂（站）入库水量不足；

（二）火电厂的燃料短缺；

（三）其他需要调整发电、供电计划的情形。

第四章 调度规则

第十五条 调度机构必须执行国家下达的供电计划，不得克扣电力、电量，并保证供电质量。

第十六条 发电厂必须按照调度机构下达的调度计划和规定的电压范围运行，并根据调度指令调整功率和电压。

第十七条 发电、供电设备的检修，应当服从调度机构的统一安排。

第十八条 出现下列紧急情况之一的，值班调度人员可以调整日发电、供电调度计划，发布限电、调整发电厂功率、开或者停发电机组等指令；可以向本电网内的发电厂、变电站的运行值班单位发布调度指令：

（一）发电、供电设备发生重大事故或者电网发生事故；

（二）电网频率或者电压超过规定范围；

（三）输变电设备负载超过规定值；

（四）主干线路功率值超过规定的稳定限额；

（五）其他威胁电网安全运行的紧急情况。

第十九条 省级电网管理部门、省辖市级电网管理部门、县级电网管理部门应当根据本级人民政府的生产调度部门的要求、用户的特点和电网安全运行的需要，提出事故及超计划用电的限电序位表，经本级人民政府的生产调度部门审核，报本级人民政府批准后，由调度机构执行。

限电及整个电网调度工作应当逐步实现自动化管理。

第二十条 未经值班调度人员许可，任何人不得操作调度机构调度管辖范围内的设备。

电网运行遇有危及人身及设备安全的情况时，发电厂、变电站的运行值班单位的值班人员可以按照有关规定处理，处理后应当立即报告有关调度机构的值班人员。

第五章　调度指令

第二十一条　值班调度人员必须按照规定发布各种调度指令。

第二十二条　在调度系统中，必须执行调度指令。调度系统的值班人员认为执行调度指令将危及人身及设备安全的，应当立即向发布指令的值班调度人员报告，由其决定调度指令的执行或者撤销。

第二十三条　电网管理部门的负责人，调度机构的负责人以及发电厂、变电站的负责人，对上级调度机构的值班人员发布的调度指令有不同意见时，可以向上级电网电力行政主管部门或者上级调度机构提出，但是在其未作出答复前，调度系统的值班人员必须按照上级调度机构的值班人员发布的调度指令执行。

第二十四条　任何单位和个人不得违反本条例干预调度系统的值班人员发布或者执行调度指令；调度系统的值班人员依法执行公务，有权拒绝各种非法干预。

第六章　并网与调度

第二十五条　并网运行的发电厂或者电网，必须服从调度机构的统一调度。

第二十六条　需要并网运行的发电厂与电网之间以及电网与电网之间，应当在并网前根据平等互利、协商一致的原则签订并网协议并严格执行。

第七章 罚 则

第二十七条 违反本条例规定，有下列行为之一的，对主管人员和直接责任人员由其所在单位或者上级机关给予行政处分：

（一）未经上级调度机构许可，不按照上级调度机构下达的发电、供电调度计划执行的；

（二）不执行有关调度机构批准的检修计划的；

（三）不执行调度指令和调度机构下达的保证电网安全的措施的；

（四）不如实反映电网运行情况的；

（五）不如实反映执行调度指令情况的；

（六）调度系统的值班人员玩忽职守、徇私舞弊，尚不构成犯罪的。

第二十八条 调度机构对于超计划用电的用户应当予以警告；经警告，仍未按照计划用电的，调度机构可以发布限电指令，并可以强行扣还电力、电量；当超计划用电威胁电网安全运行时，调度机构可以部分或者全部暂时停止供电。

第二十九条 违反本条例规定，未按照计划供电或者无故调整供电计划的，电网应当根据用户的需要补给少供的电力、电量。

第三十条 违反本条例规定，构成违反治安管理行为的，依照《中华人民共和国治安管理处罚法》的有关规定给予处罚；构成犯罪的，依法追究刑事责任。

第八章　附　则

第三十一条　国务院电力行政主管部门可以根据本条例制定实施办法。

省、自治区、直辖市人民政府可以根据本条例制定小电网管理办法。

第三十二条　本条例由国务院电力行政主管部门负责解释。

第三十三条　本条例自 1993 年 11 月 1 日起施行。

电力监管条例

中华人民共和国国务院令
第 432 号

《电力监管条例》已经 2005 年 2 月 2 日国务院第 80 次常务会议通过，现予公布，自 2005 年 5 月 1 日起施行。

总理　温家宝
二〇〇五年二月十五日

第一章　总　则

第一条　为了加强电力监管，规范电力监管行为，完善电力监管制度，制定本条例。

第二条　电力监管的任务是维护电力市场秩序，依法保护电力投资者、经营者、使用者的合法权益和社会公共利益，保障电力系统安全稳定运行，促进电力事业健康发展。

第三条　电力监管应当依法进行，并遵循公开、公正和效率的原则。

第四条　国务院电力监管机构依照本条例和国务院有关规定，履行电力监管和行政执法职能；国务院有关部门依照有关法律、行政法规和国务院有关规定，履行相关的监管职能和行政执法职能。

第五条 任何单位和个人对违反本条例和国家有关电力监管规定的行为有权向电力监管机构和政府有关部门举报，电力监管机构和政府有关部门应当及时处理，并依照有关规定对举报有功人员给予奖励。

第二章 监管机构

第六条 国务院电力监管机构根据履行职责的需要，经国务院批准，设立派出机构。国务院电力监管机构对派出机构实行统一领导和管理。

国务院电力监管机构的派出机构在国务院电力监管机构的授权范围内，履行电力监管职责。

第七条 电力监管机构从事监管工作的人员，应当具备与电力监管工作相适应的专业知识和业务工作经验。

第八条 电力监管机构从事监管工作的人员，应当忠于职守，依法办事，公正廉洁，不得利用职务便利谋取不正当利益，不得在电力企业、电力调度交易机构兼任职务。

第九条 电力监管机构应当建立监管责任制度和监管信息公开制度。

第十条 电力监管机构及其从事监管工作的人员依法履行电力监管职责，有关单位和人员应当予以配合和协助。

第十一条 电力监管机构应当接受国务院财政、监察、审计等部门依法实施的监督。

第三章 监管职责

第十二条 国务院电力监管机构依照有关法律、行政法规和本条例的规定，在其职责范围内制定并发布电力监管规章、规则。

第十三条 电力监管机构依照有关法律和国务院有关规定，颁发和管理电力业务许可证。

第十四条 电力监管机构按照国家有关规定，对发电企业在各电力市场中所占份额的比例实施监管。

第十五条 电力监管机构对发电厂并网、电网互联以及发电厂与电网协调运行中执行有关规章、规则的情况实施监管。

第十六条 电力监管机构对电力市场向从事电力交易的主体公平、无歧视开放的情况以及输电企业公平开放电网的情况依法实施监管。

第十七条 电力监管机构对电力企业、电力调度交易机构执行电力市场运行规则的情况，以及电力调度交易机构执行电力调度规则的情况实施监管。

第十八条 电力监管机构对供电企业按照国家规定的电能质量和供电服务质量标准向用户提供供电服务的情况实施监管。

第十九条 电力监管机构具体负责电力安全监督管理工作。

国务院电力监管机构经商国务院发展改革部门、国务院安全生产监督管理部门等有关部门后，制订重大电力生产安全事故处置预案，建立重大电力生产安全事故应急处置制度。

第二十条 国务院价格主管部门、国务院电力监管机构依照法律、行政法规和国务院的规定，对电价实施监管。

第四章　监管措施

第二十一条　电力监管机构根据履行监管职责的需要，有权要求电力企业、电力调度交易机构报送与监管事项相关的文件、资料。

电力企业、电力调度交易机构应当如实提供有关文件、资料。

第二十二条　国务院电力监管机构应当建立电力监管信息系统。

电力企业、电力调度交易机构应当按照国务院电力监管机构的规定将与监管相关的信息系统接入电力监管信息系统。

第二十三条　电力监管机构有权责令电力企业、电力调度交易机构按照国家有关电力监管规章、规则的规定如实披露有关信息。

第二十四条　电力监管机构依法履行职责，可以采取下列措施，进行现场检查：

（一）进入电力企业、电力调度交易机构进行检查；

（二）询问电力企业、电力调度交易机构的工作人员，要求其对有关检查事项作出说明；

（三）查阅、复制与检查事项有关的文件、资料，对可能被转移、隐匿、损毁的文件、资料予以封存；

（四）对检查中发现的违法行为，有权当场予以纠正或者要求限期改正。

第二十五条　依法从事电力监管工作的人员在进行现场检查时，应当出示有效执法证件；未出示有效执法证件的，电力企业、电力调度交易机构有权拒绝检查。

第二十六条　发电厂与电网并网、电网与电网互联，并网双方或者互联双方达不成协议，影响电力交易正常进行的，电力监管机构应当进行协调；经协调仍不能达成协议的，由电力监管机构作出裁决。

第二十七条　电力企业发生电力生产安全事故，应当及时采取措施，防止事故扩大，并向电力监管机构和其他有关部门报告。电力监管机构接到发生重大电力生产安全事故报告后，应当按照重大电力生产安全事故处置预案，及时采取处置措施。

电力监管机构按照国家有关规定组织或者参加电力生产安全事故的调查处理。

第二十八条　电力监管机构对电力企业、电力调度交易机构违反有关电力监管的法律、行政法规或者有关电力监管规章、规则，损害社会公共利益的行为及其处理情况，可以向社会公布。

第五章　法律责任

第二十九条　电力监管机构从事监管工作的人员有下列情形之一的，依法给予行政处分；构成犯罪的，依法追究刑事责任：

（一）违反有关法律和国务院有关规定颁发电力业务许可证的；

（二）发现未经许可擅自经营电力业务的行为，不依法进行处理的；

（三）发现违法行为或者接到对违法行为的举报后，不及时进行处理的；

（四）利用职务便利谋取不正当利益的。

电力监管机构从事监管工作的人员在电力企业、电力调度交易机构兼任职务的，由电力监管机构责令改正，没收兼职所得；拒不改正的，予以辞退或者开除。

第三十条 违反规定未取得电力业务许可证擅自经营电力业务的，由电力监管机构责令改正，没收违法所得，可以并处违法所得 5 倍以下的罚款；构成犯罪的，依法追究刑事责任。

第三十一条 电力企业违反本条例规定，有下列情形之一的，由电力监管机构责令改正；拒不改正的，处 10 万元以上 100 万元以下的罚款；对直接负责的主管人员和其他直接责任人员，依法给予处分；情节严重的，可以吊销电力业务许可证：

（一）不遵守电力市场运行规则的；

（二）发电厂并网、电网互联不遵守有关规章、规则的；

（三）不向从事电力交易的主体公平、无歧视开放电力市场或者不按照规定公平开放电网的。

第三十二条 供电企业未按照国家规定的电能质量和供电服务质量标准向用户提供供电服务的，由电力监管机构责令改正，给予警告；情节严重的，对直接负责的主管人员和其他直接责任人员，依法给予处分。

第三十三条 电力调度交易机构违反本条例规定，不按照电力市场运行规则组织交易的，由电力监管机构责令改正；

拒不改正的，处 10 万元以上 100 万元以下的罚款；对直接负责的主管人员和其他直接责任人员，依法给予处分。

电力调度交易机构工作人员泄露电力交易内幕信息的，由电力监管机构责令改正，并依法给予处分。

第三十四条 电力企业、电力调度交易机构有下列情形之一的，由电力监管机构责令改正；拒不改正的，处 5 万元以上 50 万元以下的罚款，对直接负责的主管人员和其他直接责任人员，依法给予处分；构成犯罪的，依法追究刑事责任：

（一）拒绝或者阻碍电力监管机构及其从事监管工作的人员依法履行监管职责的；

（二）提供虚假或者隐瞒重要事实的文件、资料的；

（三）未按照国家有关电力监管规章、规则的规定披露有关信息的。

第三十五条 本条例规定的罚款和没收的违法所得，按照国家有关规定上缴国库。

第六章 附 则

第三十六条 电力企业应当按照国务院价格主管部门、财政部门的有关规定缴纳电力监管费。

第三十七条 本条例自 2005 年 5 月 1 日起施行。

水文监测环境和设施保护办法

中华人民共和国水利部令

第 43 号

《水文监测环境和设施保护办法》已经 2010 年 12 月 16 日水利部部务会议审议通过，现予公布，自 2011 年 4 月 1 日起施行。

部长　陈雷

二〇一一年二月十八日

第一条　为了加强水文监测环境和设施保护，保障水文监测工作正常进行，根据《中华人民共和国水法》和《中华人民共和国水文条例》，制定本办法。

第二条　本办法适用于国家基本水文测站（以下简称水文测站）水文监测环境和设施的保护。

本办法所称水文监测环境，是指为确保准确监测水文信息所必需的区域构成的立体空间。

本办法所称水文监测设施，是指水文站房、水文缆道、测船、测船码头、监测场地、监测井（台）、水尺（桩）、监测标志、专用道路、仪器设备、水文通信设施以及附属设施等。

第三条　国务院水行政主管部门负责全国水文监测环境和设施保护的监督管理工作，其直属的水文机构具体负责组织实施。

国务院水行政主管部门在国家确定的重要江河、湖泊设立的流域管理机构（以下简称流域管理机构），在所管辖范围内按照法律、行政法规和本办法规定的权限，组织实施有关水文监测环境和设施保护的监督管理工作。

省、自治区、直辖市人民政府水行政主管部门负责本行政区域内的水文监测环境和设施保护的监督管理工作，其直属的水文机构接受上级业务主管部门的指导，并在当地人民政府的领导下具体负责组织实施。

第四条　水文监测环境保护范围应当因地制宜，符合有关技术标准，一般按照以下标准划定：

（一）水文监测河段周围环境保护范围：沿河纵向以水文基本监测断面上下游各一定距离为边界，不小于五百米，不大于一千米；沿河横向以水文监测过河索道两岸固定建筑物外二十米为边界，或者根据河道管理范围确定。

（二）水文监测设施周围环境保护范围：以监测场地周围三十米、其他监测设施周围二十米为边界。

第五条　有关流域管理机构或者水行政主管部门应当根据管理权限并按照本办法第四条规定的标准拟定水文监测环境保护范围，报水文监测环境保护范围所在地县级人民政府划定，并在划定的保护范围边界设立地面标志。

第六条　禁止在水文监测环境保护范围内从事下列活动：

（一）种植树木、高秆作物，堆放物料，修建建筑物，停靠船只；

（二）取土、挖砂、采石、淘金、爆破、倾倒废弃物；

（三）在监测断面取水、排污，在过河设备、气象观测场、监测断面的上空架设线路；

（四）埋设管线，设置障碍物，设置渔具、锚锭、锚链，在水尺（桩）上栓系牲畜；

（五）网箱养殖，水生植物种植，烧荒、烧窑、熏肥；

（六）其他危害水文监测设施安全、干扰水文监测设施运行、影响水文监测结果的活动。

第七条 国家依法保护水文监测设施。任何单位和个人不得侵占、毁坏、擅自移动或者擅自使用水文监测设施，不得使用水文通信设施进行与水文监测无关的活动。

第八条 未经批准，任何单位和个人不得迁移水文测站。因重大工程建设确需迁移的，建设单位应当在建设项目立项前，报请对该水文测站有管理权限的流域管理机构或者水行政主管部门批准，所需费用由建设单位承担。

第九条 在水文测站上下游各二十公里（平原河网区上下游各十公里）河道管理范围内，新建、改建、扩建下列工程影响水文监测的，建设单位应当采取相应措施，在征得对该水文测站有管理权限的流域管理机构或者水行政主管部门同意后方可建设：

（一）水工程；

（二）桥梁、码头和其他拦河、跨河、临河建筑物、构筑物，或者铺设跨河管道、电缆；

（三）取水、排污等其他可能影响水文监测的工程。

因工程建设致使水文测站改建的，所需费用由建设单位承担，水文测站改建后应不低于原标准。

第十条 建设本办法第九条规定的工程，建设单位应当向有关流域管理机构或者水行政主管部门提出申请，并提交下列材料：

（一）在水文测站上下游建设影响水文监测工程申请书；

（二）具有相应等级水文水资源调查评价资质的单位编制的建设工程对水文监测影响程度的分析评价报告；

（三）补救措施和费用估算；

（四）工程施工计划；

（五）审批机关要求的其他材料。

第十一条 有关流域管理机构或者水行政主管部门对受理的在水文测站上下游建设影响水文监测工程的申请，应当依据有关法律、法规以及技术标准进行审查，自受理申请之日起二十日内作出行政许可决定。对符合下列条件的，作出同意的决定，向建设单位颁发审查同意文件：

（一）对水文监测影响程度的分析评价真实、准确；

（二）建设单位采取的措施切实可行；

（三）工程对水文监测的影响较小或者可以通过建设单位采取的措施补救。

第十二条 水文测站因不可抗力遭受破坏的，所在地人民政府和有关水行政主管部门、流域管理机构应当采取措施，组织力量修复，确保其正常运行。

第十三条　在通航河道中或者桥上进行水文监测作业时，应当依法设置警示标志，过往船只、排筏、车辆应当减速、避让。航行的船只，不得损坏水文测船、浮艇、潮位计、水位监测井（台）、水尺、过河缆道、水下电缆等水文监测设施和设备。

水文监测专用车辆、船只应当设置统一的标志。

第十四条　水文机构依法取得的无线电频率使用权和通信线路使用权受国家保护。任何单位和个人不得挤占、干扰水文机构使用的无线电频率，不得破坏水文机构使用的通信线路。

第十五条　水文监测环境和设施遭受人为破坏影响水文监测的，水文机构应当及时告知有关地方人民政府水行政主管部门。被告知的水行政主管部门应当采取措施确保水文监测正常进行；必要时，应当向本级人民政府汇报，提出处置建议。该水行政主管部门应当及时将处置情况书面告知水文机构。

第十六条　新建、改建、扩建水文测站所需用地，由对该水文测站有管理权限的流域管理机构或者水行政主管部门报请水文测站所在地县级以上人民政府土地行政主管部门，依据水文测站用地标准合理确定，依法办理用地审批手续。已有水文测站用地应当按照有关法律、法规的规定进行确权划界，办理土地使用证书。

第十七条　国家工作人员违反本办法规定，在水文监测环境和设施保护工作中玩忽职守、滥用职权的，按照法律、法规的有关规定予以处理。

第十八条 违反本办法第六条、第七条、第九条规定的，分别依照《中华人民共和国水文条例》第四十三条、第四十二条和第三十七条的规定给予处罚。

第十九条 专用水文测站的水文监测环境和设施保护可以参照本办法执行。

第二十条 本办法自 2011 年 4 月 1 日起施行

广播电视设施保护条例

中华人民共和国国务院令

第 295 号

现公布《广播电视设施保护条例》，自公布之日
起施行。

总理　朱镕基

2000 年 11 月 5 日

第一章　总　则

第一条　为了维护广播电视设施的安全，确保广播电视
信号顺利优质地播放和接收，制定本条例。

第二条　在中华人民共和国境内依法设立的广播电视台、
站（包括有线广播电视台、站，下同）和广播电视传输网的
下列设施的保护，适用本条例：

（一）广播电视信号发射设施，包括天线、馈线、塔桅（杆）、地网、卫星发射天线及其附属设备等；

（二）广播电视信号专用传输设施，包括电缆线路、光缆线路（以下统称传输线路）、塔桅（杆）、微波等空中专用传输通路、微波站、卫星地面接收设施、转播设备及其附属设备等；

（三）广播电视信号监测设施，包括监测接收天线、馈线、塔桅（杆）、测向场强室及其附属设备等。传输广播电视信号所利用的公用通信等网络设施的保护和管理，依照有关法律、行政法规的规定执行。

第三条　县级以上人民政府应当将广播电视设施的规划和保护纳入城乡建设总体规划，并加强广播电视设施保护的宣传教育工作。县级以上人民政府负责广播电视行政管理工作的部门或者机构（以下统称广播电视行政管理部门）负责所管辖的广播电视设施的保护工作，并采取措施，确保广播电视设施的安全。

第四条　任何单位和个人均有保护广播电视设施的义务。禁止任何单位和个人侵占、哄抢、私分、截留、破坏广播电视设施。任何单位和个人对危害广播电视设施的行为，均有权制止并向有关部门报告。

第二章　保护措施

第五条　广播电视设施管理单位负责广播电视设施的维护和保养，保证其正常运行。

广播电视设施管理单位应当在广播电视设施周围设立保护标志，标明保护要求。

第六条　禁止危及广播电视信号发射设施的安全和损害其使用效能的下列行为：

（一）拆除或者损坏天线、馈线、地网以及天线场地的围墙、围网及其附属设备、标志物；

（二）在中波天线周围 250 米范围内建筑施工，或者以天线外 250 米为计算起点兴建高度超过仰角 3 度的高大建筑；

（三）在短波天线前方 500 米范围内种植成林树木、堆放金属物品、穿越架空电力线路、建筑施工，或者以天线外 500 米为计算起点兴建高度超过仰角 3 度的高大建筑；

（四）在功率 300 千瓦以上的定向天线前方 1000 米范围内建筑施工，或者以天线外 1000 米为计算起点兴建高度超过仰角 3 度的高大建筑；

（五）在馈线两侧各 3 米范围内建筑施工，或者在馈线两侧各 5 米范围内种植树木、种植高杆作物；

（六）在天线、塔桅（杆）周围 5 米或者可能危及拉锚安全的范围内挖沙、取土、钻探、打桩、倾倒腐蚀性物品。

第七条　禁止危及广播电视信号专用传输设施的安全和损害其使用效能的下列行为：

（一）在标志埋设地下传输线路两侧各 5 米和水下传输线路两侧各 50 米范围内进行铺设易燃易爆液（气）体主管道、抛锚、拖锚、挖沙等施工作业；

（二）移动、损坏传输线路、终端杆、塔桅（杆）及其附属设备、标志物；

（三）在标志埋设地下传输线路的地面周围 1 米范围内种植根茎可能缠绕传输线路的植物、倾倒腐蚀性物品；

（四）树木的顶端与架空传输线路的间距小于 2 米；

（五）在传输线路塔桅（杆）、拉线周围 1 米范围内挖沙、取土，或者在其周围 5 米范围内倾倒腐蚀性物品、堆放易燃易爆物品；

（六）在传输线路塔桅（杆）、拉线上拴系牲畜、悬挂物品、攀附农作物。

第八条 禁止危及广播电视信号监测设施的安全和损害其使用效能的下列行为：

（一）移动、损坏监测接收天线、塔桅（杆）及其附属设备、标志物；

（二）在监测台、站周围违反国家标准架设架空电力线路，兴建电气化铁路、公路等产生电磁辐射的设施或者设置金属构件；

（三）在监测台、站测向场强室周围 150 米范围内种植树木、高杆作物、进行对土地平坦有影响的挖掘、施工；

（四）在监测天线周围 1000 米范围内建筑施工，或者以天线外 1000 米为计算起点修建高度超过仰角 3 度的建筑物、构筑物或者堆放超高的物品。

第九条 禁止危及广播电视设施安全和损害其使用效能的下列行为：

（一）在广播电视设施周围 500 米范围内进行爆破作业；

（二）在天线、馈线、传输线路及其塔桅（杆）、拉线周围 500 米范围内进行烧荒；

（三）在卫星天线前方 50 米范围内建筑施工，或者以天线前方 50 米为计算起点修建高度超过仰角 5 度的建筑物、构筑物或者堆放超高的物品；

（四）在发射、监测台、站周围 1500 米范围内兴建有严重粉尘污染、严重腐蚀性化学气体溢出或者产生放射性物质的设施；

（五）在发射、监测台、站周围 500 米范围内兴建油库、加油站、液化气站、煤气站等易燃易爆设施。

第十条 新建、扩建广播电视设施，应当遵守城乡建设总体规划，按照国家有关规定选址，避开各种干扰源。

第十一条 广播电视信号发射设施的建设，应当符合国家有关电磁波防护和卫生标准；在已有发射设施的场强区内，兴建机关、工厂、学校、商店、居民住宅等设施的，除应当遵守本条例有关规定外，还应当符合国家有关电磁波防护和卫生标准。

第十二条 在标志埋设广播电视传输线路两侧 2 米范围内堆放笨重物品、种植树木及平整土地的，应当事先征得广播电视设施管理单位的同意，并采取有效防范措施后，方可进行。

第十三条 在天线、馈线周围 500 米范围外进行烧荒等活动，可能危及广播电视设施安全的，应当事先通知广播电视设施管理单位，并采取有效防范措施后，方可进行。

第十四条 在天线、馈线周围种植树木或者农作物的，应当确保巡视、维修车辆的通行；巡视、维修车辆通行，对树木或者农作物造成损失的，由广播电视设施管理单位按照国家有关规定给予补偿。

对高度超越架空传输线路保护间距要求的树木，广播电视设施管理单位有权剪除其超越部分。

第十五条　在广播电视传输线路上接挂收听、收视设备，调整、安装有线广播电视的光分配器、分支放大器等设备，或者在有线广播电视设备上插接分支分配器、其他线路的，应当经广播电视设施管理单位同意，并由专业人员安装。

第十六条　在天线场地敷设电力、通讯线路或者在架空传输线路上附挂电力、通讯线路的，应当事先征得广播电视设施管理单位同意，并在专业人员的指导下进行施工。

第十七条　广播电视设施管理单位的专用供电、供水、通信等，有关部门或者单位应当予以保障。

广播电视设施管理单位应当按照有关广播电视行政管理部门的要求，对重要的广播电视设施配备备用电源、水源等设施。

第十八条　进行工程建设，应当尽量避开广播电视设施；重大工程项目确实无法避开而需要搬迁广播电视设施的，城市规划行政主管部门审批前，应当征得有关广播电视行政管理部门同意。

迁建工作应当坚持先建设后拆除的原则。迁建所需费用由造成广播电视设施迁建的单位承担。迁建新址的技术参数应当按照国家有关规定报批。

第十九条　确需在已有广播电视信号空中专用传输通路内兴建建设工程的，城市规划行政主管部门在审批前，应当征得有关广播电视行政管理部门同意。因建设工程阻挡空中专用传输通路，需要建立广播电视空中信号中继站的，建设单位应当承担所需费用并给予相应的经济补偿。

第三章 罚 则

第二十条 违反本条例规定，在广播电视设施保护范围内进行建筑施工、兴建设施或者爆破作业、烧荒等活动的，由县级以上人民政府广播电视行政管理部门或其授权的广播电视设施管理单位责令改正，限期拆除违章建筑、设施，对个人处 1000 元以上 1 万元以下的罚款，对单位处 2 万元以上 10 万元以下的罚款；对其直接负责的主管人员及其他直接责任人员依法给予行政处分；违反治安管理规定的，由公安机关依法给予治安管理处罚；构成犯罪的，依法追究刑事责任。

第二十一条 违反本条例规定，损坏广播电视设施的，由县级以上人民政府广播电视行政管理部门或者其授权的广播电视设施管理单位责令改正，对个人处 1000 元以上 1 万元以下的罚款，对单位处 2 万元以上 10 万元以下的罚款；对其直接负责的主管人员及其他直接责任人员依法给予行政处分；违反治安管理规定的，由公安机关依法给予治安管理处罚；构成犯罪的，依法追究刑事责任。

第二十二条 违反本条例规定，在广播电视设施保护范围内有下列行为之一的，由县级以上人民政府广播电视行政管理部门或授权的广播电视设施管理单位责令改正，给予警告，对个人可处以 2000 元以下的罚款，对单位可处以 2 万元以下的罚款：

（一）种植树木、农作物的；

（二）堆放金属物品、易燃易爆物品或者设置金属构件、倾倒腐蚀性物品的；

（三）钻探、打桩、抛锚、拖锚、挖沙、取土的；

（四）拴系牲畜、悬挂物品、攀附农作物的。

第二十三条 违反本条例规定，未经同意，擅自实施下列行为之一的，由县级以上人民政府广播电视行政管理部门或者其授权的广播电视设施管理单位责令改正，对个人可处以 2000 元以下的罚款，对单位可处以 1 万元以下的罚款：

（一）在广播电视传输线路保护范围内堆放笨重物品、种植树木、平整土地的；

（二）在天线、馈线保护范围外进行烧荒等的；

（三）在广播电视传输线路上接挂、调整、安装、插接收听、收视设备的；

（四）在天线场地敷设或者在架空传输线路上附挂电力、通信线路的。

第二十四条 违反本条例规定，未经城市规划主管部门批准和广播电视行政管理部门同意，擅自进行建设工程的，由城市规划主管部门依照有关法律、法规的规定给予处罚。

第二十五条 广播电视行政管理部门、城市规划主管部门、公安机关的工作人员违反本条例规定，滥用职权、玩忽职守、徇私舞弊，造成广播电视设施严重损害或者严重影响其使用效能，构成犯罪的，依法追究刑事责任；尚不构成犯罪的，依法给予行政处分。

第二十六条　损坏广播电视设施无法恢复原状的，当事人应当依法承担赔偿责任。

第四章　附　则

第二十七条　本条例自公布之日起施行。1987年4月24日国务院发布的《广播电视设施保护条例》同时废止。

附　录

广播电视管理条例

中华人民共和国国务院令

第 676 号

现公布《国务院关于修改和废止部分行政法规的决定》，自公布之日起施行。

总理　李克强

2017 年 3 月 1 日

（1997 年 8 月 11 日中华人民共和国国务院令第 228 号发布；根据 2013 年 12 月 7 日中华人民共和国国务院令第 645 号第一次修改；根据 2017 年 3 月 1 日中华人民共和国国务院令第 676 号第二次修改）

第一章　总　则

第一条　为了加强广播电视管理，发展广播电视事业，促进社会主义精神文明和物质文明建设，制定本条例。

第二条　本条例适用于在中华人民共和国境内设立广播电台、电视台和采编、制作、播放、传输广播电视节目等活动。

第三条　广播电视事业应当坚持为人民服务、为社会主义服务的方向，坚持正确的舆论导向。

第四条　国家发展广播电视事业。县级以上人民政府应当将广播电视事业纳入国民经济和社会发展规划，并根据需要和财力逐步增加投入，提高广播电视覆盖率。

国家支持农村广播电视事业的发展。

国家扶持民族自治地方和边远贫困地区发展广播电视事业。

第五条　国务院广播电视行政部门负责全国的广播电视管理工作。

县级以上地方人民政府负责广播电视行政管理工作的部门或者机构（以下统称广播电视行政部门）负责本行政区域内的广播电视管理工作。

第六条　全国性广播电视行业的社会团体按照其章程，实行自律管理，并在国务院广播电视行政部门的指导下开展活动。

第七条　国家对为广播电视事业发展做出显著贡献的单位和个人，给予奖励。

第二章　广播电台和电视台

第八条　国务院广播电视行政部门负责制定全国广播电台、电视台的设立规划，确定广播电台、电视台的总量、布局和结构。

本条例所称广播电台、电视台是指采编、制作并通过有线或者无线的方式播放广播电视节目的机构。

第九条 设立广播电台、电视台，应当具备下列条件：

（一）有符合国家规定的广播电视专业人员；

（二）有符合国家规定的广播电视技术设备；

（三）有必要的基本建设资金和稳定的资金保障；

（四）有必要的场所。

审批设立广播电台、电视台，除依照前款所列条件外，还应当符合国家的广播电视建设规划和技术发展规划。

第十条 广播电台、电视台由县、不设区的市以上人民政府广播电视行政部门设立，其中教育电视台可以由设区的市、自治州以上人民政府教育行政部门设立。其他任何单位和个人不得设立广播电台、电视台。

国家禁止设立外资经营、中外合资经营和中外合作经营的广播电台、电视台。

第十一条 中央的广播电台、电视台由国务院广播电视行政部门设立。地方设立广播电台、电视台的，由县、不设区的市以上地方人民政府广播电视行政部门提出申请，本级人民政府审查同意后，逐级上报，经国务院广播电视行政部门审查批准后，方可筹建。

中央的教育电视台由国务院教育行政部门设立，报国务院广播电视行政部门审查批准。地方设立教育电视台的，由设区的市、自治州以上地方人民政府教育行政部门提出申请，征得同级广播电视行政部门同意并经本级人民政府审查同意后，逐级上报，经国务院教育行政部门审核，由国务院广播电视行政部门审查批准后，方可筹建。

第十二条 经批准筹建的广播电台、电视台，应当按照国家规定的建设程序和广播电视技术标准进行工程建设。

建成的广播电台、电视台，经国务院广播电视行政部门审查符合条件的，发给广播电台、电视台许可证。广播电台、电视台应当按照许可证载明的台名、台标、节目设置范围和节目套数等事项制作、播放节目。

第十三条 广播电台、电视台变更台名、节目设置范围或者节目套数，省级以上人民政府广播电视行政部门设立的广播电台、电视台或者省级以上人民政府教育行政部门设立的电视台变更台标的，应当经国务院广播电视行政部门批准。

广播电台、电视台不得出租、转让播出时段。

第十四条 广播电台、电视台终止，应当按照原审批程序申报，其许可证由国务院广播电视行政部门收回。

广播电台、电视台因特殊情况需要暂时停止播出的，应当经省级以上人民政府广播电视行政部门同意；未经批准，连续停止播出超过 30 日的，视为终止，应当依照前款规定办理有关手续。

第十五条 乡、镇设立广播电视站的，由所在地县级以上人民政府广播电视行政部门负责审核，并按照国务院广播电视行政部门的有关规定审批。

机关、部队、团体、企业事业单位设立有线广播电视站的，按照国务院有关规定审批。

第十六条 任何单位和个人不得冲击广播电台、电视台，不得损坏广播电台、电视台的设施，不得危害其安全播出。

第三章　广播电视传输覆盖网

第十七条　国务院广播电视行政部门应当对全国广播电视传输覆盖网按照国家的统一标准实行统一规划，并实行分级建设和开发。县级以上地方人民政府广播电视行政部门应当按照国家有关规定，组建和管理本行政区域内的广播电视传输覆盖网。

组建广播电视传输覆盖网，包括充分利用国家现有的公用通信等各种网络资源，应当确保广播电视节目传输质量和畅通。

本条例所称广播电视传输覆盖网，由广播电视发射台、转播台（包括差转台、收转台，下同）、广播电视卫星、卫星上行站、卫星收转站、微波站、监测台（站）及有线广播电视传输覆盖网等构成。

第十八条　国务院广播电视行政部门负责指配广播电视专用频段的频率，并核发频率专用指配证明。

第十九条　设立广播电视发射台、转播台、微波站、卫星上行站，应当按照国家有关规定，持国务院广播电视行政部门核发的频率专用指配证明，向国家的或者省、自治区、直辖市的无线电管理机构办理审批手续，领取无线电台执照。

第二十条　广播电视发射台、转播台应当按照国务院广播电视行政部门的有关规定发射、转播广播电视节目。

广播电视发射台、转播台经核准使用的频率、频段不得出租、转让，已经批准的各项技术参数不得擅自变更。

第二十一条 广播电视发射台、转播台不得擅自播放自办节目和插播广告。

第二十二条 广播电视传输覆盖网的工程选址、设计、施工、安装，应当按照国家有关规定办理，并由依法取得相应资格证书的单位承担。

广播电视传输覆盖网的工程建设和使用的广播电视技术设备，应当符合国家标准、行业标准。工程竣工后，由广播电视行政部门组织验收，验收合格的，方可投入使用。

第二十三条 区域性有线广播电视传输覆盖网，由县级以上地方人民政府广播电视行政部门设立和管理。

区域性有线广播电视传输覆盖网的规划、建设方案，由县级人民政府或者设区的市、自治州人民政府的广播电视行政部门报省、自治区、直辖市人民政府广播电视行政部门批准后实施，或者由省、自治区、直辖市人民政府广播电视行政部门报国务院广播电视行政部门批准后实施。

同一行政区域只能设立一个区域性有线广播电视传输覆盖网。有线电视站应当按照规划与区域性有线电视传输覆盖网联网。

第二十四条 未经批准，任何单位和个人不得擅自利用有线广播电视传输覆盖网播放节目。

第二十五条 传输广播电视节目的卫星空间段资源的管理和使用，应当符合国家有关规定。

广播电台、电视台利用卫星方式传输广播电视节目，应当符合国家规定的条件，并经国务院广播电视行政部门审核批准。

第二十六条　安装和使用卫星广播电视地面接收设施，应当按照国家有关规定向省、自治区、直辖市人民政府广播电视行政部门申领许可证。进口境外卫星广播电视节目解码器、解压器及其他卫星广播电视地面接收设施，应当经国务院广播电视行政部门审查同意。

第二十七条　禁止任何单位和个人侵占、哄抢或者以其他方式破坏广播电视传输覆盖网的设施。

第二十八条　任何单位和个人不得侵占、干扰广播电视专用频率，不得擅自截传、干扰、解扰广播电视信号。

第二十九条　县级以上人民政府广播电视行政部门应当采取卫星传送、无线转播、有线广播、有线电视等多种方式，提高农村广播电视覆盖率。

第四章　广播电视节目

第三十条　广播电台、电视台应当按照国务院广播电视行政部门批准的节目设置范围开办节目。

第三十一条　广播电视节目由广播电台、电视台和省级以上人民政府广播电视行政部门批准设立的广播电视节目制作经营单位制作。广播电台、电视台不得播放未取得广播电视节目制作经营许可的单位制作的广播电视节目。

第三十二条　广播电台、电视台应当提高广播电视节目质量，增加国产优秀节目数量，禁止制作、播放载有下列内容的节目：

（一）危害国家的统一、主权和领土完整的；

（二）危害国家的安全、荣誉和利益的；

（三）煽动民族分裂，破坏民族团结的；

（四）泄露国家秘密的；

（五）诽谤、侮辱他人的；

（六）宣扬淫秽、迷信或者渲染暴力的；

（七）法律、行政法规规定禁止的其他内容。

第三十三条 广播电台、电视台对其播放的广播电视节目内容，应当依照本条例第三十二条的规定进行播前审查，重播重审。

第三十四条 广播电视新闻应当真实、公正。

第三十五条 设立电视剧制作单位，应当经国务院广播电视行政部门批准，取得电视剧制作许可证后，方可制作电视剧。

电视剧的制作和播出管理办法，由国务院广播电视行政部门规定。

第三十六条 广播电台、电视台应当使用规范的语言文字。

广播电台、电视台应当推广全国通用的普通话。

第三十七条 地方广播电台、电视台或者广播电视站，应当按照国务院广播电视行政部门的有关规定转播广播电视节目。

乡、镇设立的广播电视站不得自办电视节目。

第三十八条 广播电台、电视台应当按照节目预告播放广播电视节目；确需更换、调整原预告节目的，应当提前向公众告示。

第三十九条 用于广播电台、电视台播放的境外电影、电视剧，必须经国务院广播电视行政部门审查批准。用于广播电台、电视台播放的境外其他广播电视节目，必须经国务院广播电视行政部门或者其授权的机构审查批准。

向境外提供的广播电视节目，应当按照国家有关规定向省级以上人民政府广播电视行政部门备案。

第四十条 广播电台、电视台播放境外广播电视节目的时间与广播电视节目总播放时间的比例，由国务院广播电视行政部门规定。

第四十一条 广播电台、电视台以卫星等传输方式进口、转播境外广播电视节目，必须经国务院广播电视行政部门批准。

第四十二条 广播电台、电视台播放广告，不得超过国务院广播电视行政部门规定的时间。

广播电台、电视台应当播放公益性广告。

第四十三条 国务院广播电视行政部门在特殊情况下，可以作出停止播出、更换特定节目或者指定转播特定节目的决定。

第四十四条 教育电视台应当按照国家有关规定播放各类教育教学节目，不得播放与教学内容无关的电影、电视片。

第四十五条 举办国际性广播电视节目交流、交易活动，应当经国务院广播电视行政部门批准，并由指定的单位承办。举办国内区域性广播电视节目交流、交易活动，应当经举办地的省、自治区、直辖市人民政府广播电视行政部门批准，并由指定的单位承办。

第四十六条 对享有著作权的广播电视节目的播放和使

用，依照《中华人民共和国著作权法》的规定办理。

第五章 罚 则

第四十七条 违反本条例规定，擅自设立广播电台、电视台、教育电视台、有线广播电视传输覆盖网、广播电视站的，由县级以上人民政府广播电视行政部门予以取缔，没收其从事违法活动的设备，并处投资总额 1 倍以上 2 倍以下的罚款。

擅自设立广播电视发射台、转播台、微波站、卫星上行站的，由县级以上人民政府广播电视行政部门予以取缔，没收其从事违法活动的设备，并处投资总额 1 倍以上 2 倍以下的罚款；或者由无线电管理机构依照国家无线电管理的有关规定予以处罚。

第四十八条 违反本条例规定，擅自设立广播电视节目制作经营单位或者擅自制作电视剧及其他广播电视节目的，由县级以上人民政府广播电视行政部门予以取缔，没收其从事违法活动的专用工具、设备和节目载体，并处 1 万元以上 5 万元以下的罚款。

第四十九条 违反本条例规定，制作、播放、向境外提供含有本条例第三十二条规定禁止内容的节目的，由县级以上人民政府广播电视行政部门责令停止制作、播放、向境外提供，收缴其节目载体，并处 1 万元以上 5 万元以下的罚款；情节严重的，由原批准机关吊销许可证；违反治安管理规定的，由公安机关依法给予治安管理处罚；构成犯罪的，依法追究刑事责任。

第五十条　违反本条例规定，有下列行为之一的，由县级以上人民政府广播电视行政部门责令停止违法活动，给予警告，没收违法所得，可以并处2万元以下的罚款；情节严重的，由原批准机关吊销许可证：

（一）未经批准，擅自变更台名、台标、节目设置范围或者节目套数的；

（二）出租、转让播出时段的；

（三）转播、播放广播电视节目违反规定的；

（四）播放境外广播电视节目或者广告的时间超出规定的；

（五）播放未取得广播电视节目制作经营许可的单位制作的广播电视节目或者未取得电视剧制作许可的单位制作的电视剧的；

（六）播放未经批准的境外电影、电视剧和其他广播电视节目的；

（七）教育电视台播放本条例第四十四条规定禁止播放的节目的；

（八）未经批准，擅自举办广播电视节目交流、交易活动的。

第五十一条　违反本条例规定，有下列行为之一的，由县级以上人民政府广播电视行政部门责令停止违法活动，给予警告，没收违法所得和从事违法活动的专用工具、设备，可以并处2万元以下的罚款；情节严重的，由原批准机关吊销许可证：

（一）出租、转让频率、频段，擅自变更广播电视发射台、转播台技术参数的；

（二）广播电视发射台、转播台擅自播放自办节目、插播广告的；

（三）未经批准，擅自利用卫星方式传输广播电视节目的；

（四）未经批准，擅自以卫星等传输方式进口、转播境外广播电视节目的；

（五）未经批准，擅自利用有线广播电视传输覆盖网播放节目的；

（六）未经批准，擅自进行广播电视传输覆盖网的工程选址、设计、施工、安装的；

（七）侵占、干扰广播电视专用频率，擅自截传、干扰、解扰广播电视信号的。

第五十二条 违反本条例规定，危害广播电台、电视台安全播出的，破坏广播电视设施的，由县级以上人民政府广播电视行政部门责令停止违法活动；情节严重的，处 2 万元以上 5 万元以下的罚款；造成损害的，侵害人应当依法赔偿损失；构成犯罪的，依法追究刑事责任。

第五十三条 广播电视行政部门及其工作人员在广播电视管理工作中滥用职权、玩忽职守、徇私舞弊，构成犯罪的，依法追究刑事责任；尚不构成犯罪的，依法给予行政处分。

第六章 附 则

第五十四条 本条例施行前已经设立的广播电台、电视台、教育电视台、广播电视发射台、转播台、广播电视节目制作经营单位，自本条例施行之日起 6 个月内，应当依照本条例的规定重新办理审核手续；不符合本条例规定的，予以撤销；已有的县级教育电视台可以与县级电视台合并，开办教育节目频道。

第五十五条 本条例自 1997 年 9 月 1 日起施行。

公共文化体育设施条例

中华人民共和国国务院令

第 382 号

《公共文化体育设施条例》已经 2003 年 6 月 18
日国务院第 12 次常务会议通过，现予公布，自 2003
年 8 月 1 日起施行。

总理　温家宝

2003 年 6 月 26 日

第一章　总　则

第一条　为了促进公共文化体育设施的建设，加强对公
共文化体育设施的管理和保护，充分发挥公共文化体育设施
的功能，繁荣文化体育事业，满足人民群众开展文化体育活
动的基本需求，制定本条例。

第二条　本条例所称公共文化体育设施，是指由各级人民政府举办或者社会力量举办的，向公众开放用于开展文化体育活动的公益性的图书馆、博物馆、纪念馆、美术馆、文化馆（站）、体育场（馆）、青少年宫、工人文化宫等的建筑物、场地和设备。

本条例所称公共文化体育设施管理单位，是指负责公共文化体育设施的维护，为公众开展文化体育活动提供服务的社会公共文化体育机构。

第三条　公共文化体育设施管理单位必须坚持为人民服务、为社会主义服务的方向，充分利用公共文化体育设施，传播有益于提高民族素质、有益于经济发展和社会进步的科学技术和文化知识，开展文明、健康的文化体育活动。任何单位和个人不得利用公共文化体育设施从事危害公共利益的活动。

第四条　国家有计划地建设公共文化体育设施。对少数民族地区、边远贫困地区和农村地区的公共文化体育设施的建设予以扶持。

第五条　各级人民政府举办的公共文化体育设施的建设、维修、管理资金，应当列入本级人民政府基本建设投资计划和财政预算。

第六条　国家鼓励企业、事业单位、社会团体和个人等社会力量举办公共文化体育设施。

国家鼓励通过自愿捐赠等方式建立公共文化体育设施社会基金，并鼓励依法向人民政府、社会公益性机构或者公共文化体育设施管理单位捐赠财产。捐赠人可以按照税法的有关规定享受优惠。

国家鼓励机关、学校等单位内部的文化体育设施向公众开放。

第七条 国务院文化行政主管部门、体育行政主管部门依据国务院规定的职责负责全国的公共文化体育设施的监督管理。县级以上地方人民政府文化行政主管部门、体育行政主管部门依据本级人民政府规定的职责，负责本行政区域内的公共文化体育设施的监督管理。

第八条 对在公共文化体育设施的建设、管理和保护工作中做出突出贡献的单位和个人，由县级以上地方人民政府或者有关部门给予奖励。

第二章　规划和建设

第九条 国务院发展和改革行政主管部门应当会同国务院文化行政主管部门、体育行政主管部门，将全国公共文化体育设施的建设纳入国民经济和社会发展计划。

县级以上地方人民政府应当将本行政区域内的公共文化体育设施的建设纳入当地国民经济和社会发展计划。

第十条 公共文化体育设施的数量、种类、规模以及布局，应当根据国民经济和社会发展水平、人口结构、环境条件以及文化体育事业发展的需要，统筹兼顾，优化配置，并符合国家关于城乡公共文化体育设施用地定额指标的规定。

公共文化体育设施用地定额指标，由国务院土地行政主管部门、建设行政主管部门分别会同国务院文化行政主管部门、体育行政主管部门制定。

第十一条 公共文化体育设施的建设选址，应当符合人口集中、交通便利的原则。

第十二条 公共文化体育设施的设计，应当符合实用、安全、科学、美观等要求，并采取无障碍措施，方便残疾人使用。具体设计规范由国务院建设行政主管部门会同国务院文化行政主管部门、体育行政主管部门制定。

第十三条 建设公共文化体育设施使用国有土地的，经依法批准可以以划拨方式取得。

第十四条 公共文化体育设施的建设预留地，由县级以上地方人民政府土地行政主管部门、城乡规划行政主管部门按照国家有关用地定额指标，纳入土地利用总体规划和城乡规划，并依照法定程序审批。任何单位或者个人不得侵占公共文化体育设施建设预留地或者改变其用途。

因特殊情况需要调整公共文化体育设施建设预留地的，应当依法调整城乡规划，并依照前款规定重新确定建设预留地。重新确定的公共文化体育设施建设预留地不得少于原有面积。

第十五条 新建、改建、扩建居民住宅区，应当按照国家有关规定规划和建设相应的文化体育设施。

居民住宅区配套建设的文化体育设施，应当与居民住宅区的主体工程同时设计、同时施工、同时投入使用。任何单位或者个人不得擅自改变文化体育设施的建设项目和功能，不得缩小其建设规模和降低其用地指标。

第三章　使用和服务

第十六条　公共文化体育设施管理单位应当完善服务条件，建立、健全服务规范，开展与公共文化体育设施功能、特点相适应的服务，保障公共文化体育设施用于开展文明、健康的文化体育活动。

第十七条　公共文化体育设施应当根据其功能、特点向公众开放，开放时间应当与当地公众的工作时间、学习时间适当错开。公共文化体育设施的开放时间，不得少于省、自治区、直辖市规定的最低时限。国家法定节假日和学校寒暑假期间，应当适当延长开放时间。

学校寒暑假期间，公共文化体育设施管理单位应当增设适合学生特点的文化体育活动。

第十八条　公共文化体育设施管理单位应当向公众公示其服务内容和开放时间。公共文化体育设施因维修等原因需要暂时停止开放的，应当提前 7 日向公众公示。

第十九条　公共文化体育设施管理单位应当在醒目位置标明设施的使用方法和注意事项。

第二十条　公共文化体育设施管理单位提供服务可以适当收取费用，收费项目和标准应当经县级以上人民政府有关部门批准。

第二十一条　需要收取费用的公共文化体育设施管理单位，应当根据设施的功能、特点对学生、老年人、残疾人等免费或者优惠开放，具体办法由省、自治区、直辖市制定。

第二十二条 公共文化设施管理单位可以将设施出租用于举办文物展览、美术展览、艺术培训等文化活动。

公共体育设施管理单位不得将设施的主体部分用于非体育活动。但是，因举办公益性活动或者大型文化活动等特殊情况临时出租的除外。临时出租时间一般不得超过10日；租用期满，租用者应当恢复原状，不得影响该设施的功能、用途。

第二十三条 公众在使用公共文化体育设施时，应当遵守公共秩序，爱护公共文化体育设施。任何单位或者个人不得损坏公共文化体育设施。

第四章 管理和保护

第二十四条 公共文化体育设施管理单位应当将公共文化体育设施的名称、地址、服务项目等内容报所在地县级人民政府文化行政主管部门、体育行政主管部门备案。县级人民政府文化行政主管部门、体育行政主管部门应当向公众公布公共文化体育设施名录。

第二十五条 公共文化体育设施管理单位应当建立、健全安全管理制度，依法配备安全保护设施、人员，保证公共文化体育设施的完好，确保公众安全。

公共体育设施内设置的专业性强、技术要求高的体育项目，应当符合国家规定的安全服务技术要求。

第二十六条 公共文化体育设施管理单位的各项收入，应当用于公共文化体育设施的维护、管理和事业发展，不得挪作他用。文化行政主管部门、体育行政主管部门、财政部门和其他有关部门，应当依法加强对公共文化体育设施管理单位收支的监督管理。

第二十七条 因城乡建设确需拆除公共文化体育设施或者改变其功能、用途的，有关地方人民政府在作出决定前，应当组织专家论证，并征得上一级人民政府文化行政主管部门、体育行政主管部门同意，报上一级人民政府批准。

涉及大型公共文化体育设施的，上一级人民政府在批准前，应当举行听证会，听取公众意见。

经批准拆除公共文化体育设施或者改变其功能、用途的，应当依照国家有关法律、行政法规的规定择地重建。重新建设的公共文化体育设施，应当符合规划要求，一般不得小于原有规模。迁建工作应当坚持先建设后拆除或者建设拆除同时进行的原则。迁建所需费用由造成迁建的单位承担。

第五章　法律责任

第二十八条 文化、体育、城乡规划、建设、土地等有关行政主管部门及其工作人员，不依法履行职责或者发现违法行为不予依法查处的，对负有责任的主管人员和其他直接责任人员，依法给予行政处分；构成犯罪的，依法追究刑事责任。

第二十九条 侵占公共文化体育设施建设预留地或者改变其用途的，由土地行政主管部门、城乡规划行政主管部门依据各自职责责令限期改正；逾期不改正的，由作出决定的机关依法申请人民法院强制执行。

第三十条 公共文化体育设施管理单位有下列行为之一的，由文化行政主管部门、体育行政主管部门依据各自职责责令限期改正；造成严重后果的，对负有责任的主管人员和其他直接责任人员，依法给予行政处分：

（一）未按照规定的最低时限对公众开放的；

（二）未公示其服务项目、开放时间等事项的；

（三）未在醒目位置标明设施的使用方法或者注意事项的；

（四）未建立、健全公共文化体育设施的安全管理制度的；

（五）未将公共文化体育设施的名称、地址、服务项目等内容报文化行政主管部门、体育行政主管部门备案的。

第三十一条 公共文化体育设施管理单位，有下列行为之一的，由文化行政主管部门、体育行政主管部门依据各自职责责令限期改正，没收违法所得，违法所得 5000 元以上的，并处违法所得 2 倍以上 5 倍以下的罚款；没有违法所得或者违法所得 5000 元以下的，可以处 1 万元以下的罚款；对负有责任的主管人员和其他直接责任人员，依法给予行政处分：

（一）开展与公共文化体育设施功能、用途不相适应的服务活动的；

（二）违反本条例规定出租公共文化体育设施的。

第三十二条 公共文化体育设施管理单位及其工作人员违反本条例规定，挪用公共文化体育设施管理单位的各项收入或者有条件维护而不履行维护义务的，由文化行政主管部门、体育行政主管部门依据各自职责责令限期改正；对负有责任的主管人员和其他直接责任人员，依法给予行政处分；构成犯罪的，依法追究刑事责任。

第六章　附　则

第三十三条　国家机关、学校等单位内部的文化体育设施向公众开放的，由国务院文化行政主管部门、体育行政主管部门会同有关部门依据本条例的原则另行制定管理办法。

第三十四条　本条例自 2003 年 8 月 1 日起施行。

特殊标志管理条例

中华人民共和国国务院令

第 202 号

现发布《特殊标志管理条例》，自发布之日起施行。

总理　李鹏

1996 年 7 月 13 日

第一章　总　则

第一条　为了加强对特殊标志的管理，推动文化、体育、科学研究及其他社会公益活动的发展，保护特殊标志所有人、使用人和消费者的合法权益，制定本条例。

第二条　本条例所称特殊标志，是指经国务院批准举办的全国性和国际性的文化、体育、科学研究及其他社会公益活动所使用的，由文字、图形组成的名称及缩写、会徽、吉祥物等标志。

第三条 经国务院工商行政管理部门核准登记的特殊标志，受本条例保护。

第四条 含有下列内容的文字、图形组成的特殊标志，不予登记：

（一）有损于国家或者国际组织的尊严或者形象的；

（二）有害于社会善良习俗和公共秩序的；

（三）带有民族歧视性，不利于民族团结的；

（四）缺乏显著性，不便于识别的；

（五）法律、行政法规禁止的其他内容。

第五条 特殊标志所有人使用或者许可他人使用特殊标志所募集的资金，必须用于特殊标志所服务的社会公益事业，并接受国务院财政部门、审计部门的监督。

第二章　特殊标志的登记

第六条 举办社会公益活动的组织者或者筹备者对其使用的名称、会徽、吉祥物等特殊标志，需要保护的，应当向国务院工商行政管理部门提出登记申请。登记申请可以直接办理，也可以委托他人代理。

第七条 申请特殊标志登记，应当填写特殊标志登记申请书并提交下列文件：

（一）国务院批准举办该社会公益活动的文件；

（二）准许他人使用特殊标志的条件及管理办法；

（三）特殊标志图样 5 份，黑白墨稿 1 份。图样应当清晰，便于粘贴，用光洁耐用的纸张印制或者用照片代替，长和宽不大于 10 厘米、不小于 5 厘米；

（四）委托他人代理的，应当附代理人委托书，注明委托事项和权限；

（五）国务院工商行政管理部门认为应当提交的其他文件。

第八条 国务院工商行政管理部门收到申请后，按照以下规定处理：

（一）符合本条例有关规定，申请文件齐备无误的，自收到申请之日起 15 日内，发给特殊标志登记申请受理通知书，并在发出通知之日起 2 个月内，将特殊标志有关事项、图样和核准使用的商品和服务项目，在特殊标志登记簿上登记，发给特殊标志登记证书。

特殊标志经核准登记后，由国务院工商行政管理部门公告。

（二）申请文件不齐备或者有误的，自收到申请之日起自 10 日内发给特殊标志登记申请补正通知书，并限其自收到通知之日起 15 日内予以补正；期满不补正或者补正仍不符合规定的，发给特殊标志登记申请不予受理通知书。

（三）违反本条例第四条规定的，自收到申请之日起 15 日内发给特殊标志登记申请驳回通知书。申请人对驳回通知不服的，可以自收到驳回通知之日起 15 日内，向国务院工商行政管理部门申请复议。

前款所到各类通知书，由国务院工商行政管理部门送达申请人或者其代理人。因故不能直接送交的，以国各院工商行政管理部门公告或者邮寄之日起的 20 日为送达日期。

第九条　特殊标志有效期为 4 年。自核准登记日起计算。特殊标志所有人可以在有效期满前 3 个月内提出延期申请，延长的期限由国务院工商行政管理部门根据实际情况和需要决定。特殊标志所有人变更地址，应当自变更之日起 1 个月内报国务院工商行政管理部门备案。

第十条　已获准登记的特殊标志有下列情形之一的，任何单位和个人可以在特殊标志公告刊登之日至其有效期满的期间，向国务院工商行政管理部门申明理由并提供相应证据，请求宣告特殊标志登记无效：

（一）同已在先申请的特殊标志相同或者近似的；

（二）同已在先申请注册的商标或者已获得注册的商标相同或者近似的；

（三）同已在先申请外观设计专利或者已依法取得专利权的外观设计专利相同或者近似的；

（四）侵犯他人著作权的。

第十一条　国务院工商行政管理部门自收到特殊标志登记无效申请之日起 10 日内，通知被申请人并限其自收到通知之日起 15 日内作出答辩。

被申请人拒绝答辩或者无正当理由超过答辩期限的，视为放弃答辩的权利。

第十二条　国务院工商行政管理部门自收到特殊标志登记无效申请之日起 3 个月内作出裁定，并通知当事人；当事人对裁定不服的，可以自收到通知之日起 15 日内，向国务院工商行政管理部门申请复议。

第三章 特殊标志的使用与保护

第十三条 特殊标志所有人可以在与其公益活动相关的广告、纪念品及其他物品上使用该标志，并许可他人在国务院工商行政管理部门核准使用该标志的商品或者服务项目上使用。

第十四条 特殊标志的使用人应当是依法成立的企业、事业单位、社会团体、个体工商户。

特殊标志使用人应当同所有人签订书面使用合同。

特殊标志使用人应当自合同签订之日起 1 个月内，将合同副本报国务院工商行政管理部门备案，并报使用人所在地县级以上人民政府工商行政管理部门存查。

第十五条 特殊标志所有人或者使用人有下列行为之一的，由其所在地或者行为发生地县级以上人民政府工商行政管理部门责令改正，可以处 5 万元以下的罚款；情节严重的，由县级以上人民政府工商行政管理部门责令使用人停止使用该特殊标志，由国务院工商行政管理部门撤销所有人的特殊标志登记：

（一）擅自改变特殊标志文字、图形的；

（二）许可他人使用特殊标志，未签订使用合同，或者使用人在规定期限内未报国务院工商行政管理部门备案或者未报所在地县级以上人民政府工商行政管理机关存查的；

（三）超出核准登记的商品或者服务范围使用的。

第十六条 有下列行为之一的，由县级以上人民政府工商行政管理部门责令侵权人立即停止侵权行为，没收侵权商品，没收违法所得，并处违法所得 5 倍以下的罚款，没有违法所得的，处 1 万元以下的罚款：

（一）擅自使用与所有人的特殊标志相同或者近似的文字、图形或者其组合的；

（二）未经特殊标志所有人许可，擅自制造、销售其特殊标志或者将其特殊标志用于商业活动的；

（三）有给特殊标志所有人造成经济损失的其他行为的。

第十七条 特殊标志所有人或者使用人发现特殊标志所有权或者使用权被侵害时，可以向侵权人所在地或者侵权行为发生地县级以上人民政府工商行政管理部门投诉；也可以直接向人民法院起诉。

工商行政管理部门受理特殊标志侵权案件投诉的，应当依特殊标志所有人的请求，就侵权的民事赔偿主持调解；调解不成的，特殊标志所有人可以向人民法院起诉。

第十八条 工商行政管理部门受理特殊标志侵权案件，在调查取证时，可以行使下列职权，有关当事人应当予以协助，不得拒绝：

（一）询问有关当事人；

（二）检查与侵权活动有关的物品；

（三）调查与侵权活动有关的行为；

（四）查阅、复制与侵权活动有关的合同、帐册等业务资料。

第四章　附　则

第十九条　特殊标志申请费、公告费、登记费的收费标准，由国务院财政部门、物价部门会同国务院工商行政管理部门制定。

第二十条　申请特殊标志登记有关文书格式由国务院工商行政管理部门制定。

第二十一条　经国务院批准代表中国参加国际性文化、体育、科学研究等活动的组织所使用的名称、徽记、吉祥物等标志的保护，参照本条例的规定施行。

第二十二条　本条例自发布之日起施行。

附　录

中华人民共和国测量标志
保护条例

中华人民共和国国务院令

第 588 号

《国务院关于废止和修改部分行政法规的决定》
已经 2010 年 12 月 29 日国务院第 138 次常务会议通
过，现予公布，自公布之日起施行。

总理　温家宝

2011 年 1 月 8 日

（1996 年 9 月 4 日中华人民共和国国务院令第
203 号发布；根据 2011 年 1 月 8 日中华人民共和国
国务院令第 588 号《国务院关于废止和修改部分行
政法规的决定》修改）

第一条　为了加强测量标志的保护和管理，根据《中华人民共和国测绘法》，制定本条例。

第二条　本条例适用于在中华人民共和国领域内和中华人民共和国管辖的其他海域设置的测量标志。

第三条　测量标志属于国家所有，是国家经济建设和科学研究的基础设施。

第四条　本条例所称测量标志，是指：

（一）建设在地上、地下或者建筑物上的各种等级的三角点、基线点、导线点、军用控制点、重力点、天文点、水准点的木质觇标、钢质觇标和标石标志，全球卫星定位控制点，以及用于地形测图、工程测量和形变测量的固定标志和海底大地点设施等永久性测量标志；

（二）测量中正在使用的临时性测量标志。

第五条　国务院测绘行政主管部门主管全国的测量标志保护工作。国务院其他有关部门按照国务院规定的职责分工，负责管理本部门专用的测量标志保护工作。

县级以上地方人民政府管理测绘工作的部门负责本行政区域内的测量标志保护工作。

军队测绘主管部门负责管理军事部门测量标志保护工作，并按照国务院、中央军事委员会规定的职责分工负责管理海洋基础测量标志保护工作。

第六条　县级以上人民政府应当加强对测量标志保护工作的领导，增强公民依法保护测量标志的意识。

乡级人民政府应当做好本行政区域内的测量标志保护管理工作。

第七条　对在保护永久性测量标志工作中做出显著成绩

的单位和个人，给予奖励。

第八条 建设永久性测量标志，应当符合下列要求：

（一）使用国家规定的测绘基准和测绘标准；

（二）选择有利于测量标志长期保护和管理的点位；

（三）符合法律、法规规定的其他要求。

第九条 设置永久性测量标志的，应当对永久性测量标志设立明显标记；设置基础性测量标志的，还应当设立由国务院测绘行政主管部门统一监制的专门标牌。

第十条 建设永久性测量标志需要占用土地的，地面标志占用土地的范围为 36-100 平方米，地下标志占用土地的范围为 16-36 平方米。

第十一条 设置永久性测量标志，需要依法使用土地或者在建筑物上建设永久性测量标志的，有关单位和个人不得干扰和阻挠。

第十二条 国家对测量标志实行义务保管制度。

设置永久性测量标志的部门应当将永久性测量标志委托测量标志设置地的有关单位或者人员负责保管，签订测量标志委托保管书，明确委托方和被委托方的权利和义务，并由委托方将委托保管书抄送乡级人民政府和县级以上人民政府管理测绘工作的部门备案。

第十三条 负责保管测量标志的单位和人员，应当对其所保管的测量标志经常进行检查；发现测量标志有被移动或者损毁的情况时，应当及时报告当地乡级人民政府，并由乡级人民政府报告县级以上地方人民政府管理测绘工作的部门。

第十四条 负责保管测量标志的单位和人员有权制止、

检举和控告移动、损毁、盗窃测量标志的行为，任何单位或者个人不得阻止和打击报复。

第十五条 国家对测量标志实行有偿使用；但是，使用测量标志从事军事测绘任务的除外。测量标志有偿使用的收入应当用于测量标志的维护、维修，不得挪作他用。具体办法由国务院测绘行政主管部门会同国务院物价行政主管部门规定。

第十六条 测绘人员使用永久性测量标志，应当持有测绘工作证件，并接受县级以上人民政府管理测绘工作的部门的监督和负责保管测量标志的单位和人员的查询，确保测量标志完好。

第十七条 测量标志保护工作应当执行维修规划和计划。

全国测量标志维修规划，由国务院测绘行政主管部门会同国务院其他有关部门制定。

省、自治区、直辖市人民政府管理测绘工作的部门应当组织同级有关部门，根据全国测量标志维修规划，制定本行政区域内的测量标志维修计划，并组织协调有关部门和单位统一实施。

第十八条 设置永久性测量标志的部门应当按照国家有关的测量标志维修规程，对永久性测量标志定期组织维修，保证测量标志正常使用。

第十九条 进行工程建设，应当避开永久性测量标志；确实无法避开，需要拆迁永久性测量标志或者使永久性测量标志失去使用效能的，工程建设单位应当履行下列批准手续：

（一）拆迁基础性测量标志或者使基础性测量标志失去使

用效能的，由国务院测绘行政主管部门或者省、自治区、直辖市人民政府管理测绘工作的部门批准。

（二）拆迁部门专用的永久性测量标志或者使部门专用的永久性测量标志失去使用效能的，应当经设置测量标志的部门同意，并经省、自治区、直辖市人民政府管理测绘工作的部门批准。

拆迁永久性测量标志，还应当通知负责保管测量标志的有关单位和人员。

第二十条　经批准拆迁基础性测量标志或者使基础性测量标志失去使用效能的，工程建设单位应当按照国家有关规定向省、自治区、直辖市人民政府管理测绘工作的部门支付迁建费用。

经批准拆迁部门专用的测量标志或者使部门专用的测量标志失去使用效能的，工程建设单位应当按照国家有关规定向设置测量标志的部门支付迁建费用；设置部门专用的测量标志的部门查找不到的，工程建设单位应当按照国家有关规定向省、自治区、直辖市人民政府管理测绘工作的部门支付迁建费用。

第二十一条　永久性测量标志的重建工作，由收取测量标志迁建费用的部门组织实施。

第二十二条　测量标志受国家保护，禁止下列有损测量标志安全和使测量标志失去使用效能的行为：

（一）损毁或者擅自移动地下或者地上的永久性测量标志以及使用中的临时性测量标志的；

（二）在测量标志占地范围内烧荒、耕作、取土、挖沙或者侵占永久性测量标志用地的；

（三）在距永久性测量标志50米范围内采石、爆破、射击、架设高压电线的；

（四）在测量标志的占地范围内，建设影响测量标志使用效能的建筑物的；

（五）在测量标志上架设通讯设施、设置观望台、搭帐篷、拴牲畜或者设置其他有可能损毁测量标志的附着物的；

（六）擅自拆除设有测量标志的建筑物或者拆除建筑物上的测量标志的。

（七）其他有损测量标志安全和使用效能的。

第二十三条 有本条例第二十二条禁止的行为之一，或者有下列行为之一的，由县级以上人民政府管理测绘工作的部门责令限期改正，给予警告，并可以根据情节处以5万元以下的罚款；对负有直接责任的主管人员和其他直接责任人员，依法给予行政处分；造成损失的，应当依法承担赔偿责任：

（一）干扰或者阻挠测量标志建设单位依法使用土地或者在建筑物上建设永久性测量标志的；

（二）工程建设单位未经批准擅自拆迁永久性测量标志或者使永久性测量标志失去使用效能的，或者拒绝按照国家有关规定支付迁建费用的；

（三）违反测绘操作规程进行测绘，使永久性测量标志受到损坏的；

（四）无证使用永久性测量标志并且拒绝县级以上人民政府管理测绘工作的部门监督和负责保管测量标志的单位和人

员查询的。

第二十四条 管理测绘工作的部门的工作人员玩忽职守、滥用职权、徇私舞弊的、依法给予行政处分。

第二十五条 违反本条例规定，应当给予治安管理处罚的，依照治安管理处罚法的有关规定给予处罚；构成犯罪的，依法追究刑事责任。

第二十六条 本条例自 1997 年 1 月 1 日起施行。1984 年 1 月 7 日国务院发布的《测量标志保护条例》同时废止。

环卫设施维护制度

小区环卫设施维护制度

（本文为参考资料）

为搞好小区的环卫工作，小区内合理放置垃圾桶及果皮箱，实行垃圾袋装化，并进行分类处理，定时、定点收集并集中转运清除。

公共场所、楼梯、电梯大堂、架空层、车库、小区道路等内外环境每日定岗定人清扫、清洗、消毒，做到楼内无杂物、无蜘蛛网、无乱堆乱放、扶手无尘。

为确保环卫工作得以顺利的开展，现特对环卫设施、设备作如下规定：

一、各位员工应爱护环卫设施、设备。

损坏者一律按价赔偿。

二、各员工应节省易耗物品的使用。

三、发现垃圾桶缺少或损坏者，应及时上报处理。

由清洁部负责垃圾桶的定期维护。

四、对领用的清洁工具，使用者应保管好，凡遗失由使用者承担赔偿责任。

五、清洁部的贵重、特殊清洁工具的保管，并负责对其进行定期保养。

六、清洁部和绿化部的清洁用品及绿化药品，应注意防潮处理，并定期进行检查，危险药品应上锁。

农村环卫设施维护制度

（本文为参考资料）

为了深入推进农村连片环境综合整治建设，搞好农村环境卫生管理，促进村容整洁，减少环境污染，提高人民健康水平，使农村环境卫生管理制度化、经常化，特制订本制度。

一、村会委环境卫生管理职责

（一）各村委会是其区域范围的卫生责任管理单位，负责对责任区域范围内的垃圾收集清运与环境卫生保洁清扫进行统筹管理，设立垃圾清运中转站，定期转运。

建立一个垃圾池一个垃圾箱，垃圾池主要收集村民日常生活垃圾，垃圾箱主要收集可回收和有害垃圾。

（二）村委会要根据该村的道路、居住区、人流密集区等区域范围划分环境卫生清扫保洁责任区，安排垃圾清运频次与指定监督员进行管理。

（三）村委会要对垃圾收集清运与各小组的保洁日常工作进行管理，确保垃圾定点堆放、及时清运。

（四）村委会负责每月对责任区内的垃圾收集清运及与各组组长对农户卫生落实情况进行不定期巡回检查。

二、农户卫生保洁责任及标准

（一）以讲卫生为荣，不讲卫生为耻。

坚持做好家庭环境卫生保洁，搞好四旁植树，绿化美化家园。

（二）努力争当卫生文明户、文明家庭。

敢于同一切不讲文明卫生、破坏环境的行为作斗争。

（三）自觉接受社会监督和邻里监督，强化环境卫生意识，积极协作，为共建和谐生态新农村做贡献。

（四）室外保持整洁，房前屋后无杂草、无乱堆乱放、无果皮纸屑、无污泥恶臭、无人畜粪便；畜禽圈舍，劳动用具摆放整齐，墙体无乱写乱画、乱钉乱挂。

（五）室内经常打扫，清洁明亮，家具干净，摆放有序。

（六）负责对自己生产生活区域内每天所产生的果皮、纸屑、烟头、塑料袋、废弃物等一切垃圾，分类进行管理。

设立一个垃圾池和一个垃圾桶，对于可以焚烧处理的垃圾在垃圾池中自行处理，不能焚烧的垃圾必须入桶，待村垃圾转运人员定期清运。

三、垃圾清运制度

负责垃圾清运的人员每天按时清运该村的垃圾到中转站，确保垃圾日产日清。

定期将垃圾从垃圾中转站转运到各乡镇的农村环境管理中心进行集中处理。

四、监督管理及评比表彰制度

（一）各村支部书记为环境卫生管理第一责任人，村主任为直接责任人，各农户为具体责任人。

（二）广泛开展"卫生文明户"等多种形式的农村卫生保洁创评活动。

（三）各村委会成员和村民小组长组成环境卫生监督管理领导小组，负责每月对该村环境卫生落实情况进行不定期的巡查、检查，按标准评出当月的"卫生文明户"。

（四）对"卫生文明户"进行宣传表扬，并给予适当的物质奖励或悬挂流动红旗。

对卫生保洁落实较差的农户实行张榜公布。

（五）按各村农户10%的比例，在每月的"卫生文明户"中评选出年度"最佳卫生文明户"，并颁发奖牌和奖金。

街道环卫设施维护制度

（本文为参考资料）

为做好环卫设施维护、保养工作，保证环卫设施正常使用，确保周围环境卫生不受影响，特制定本规定。

第一条 本规定中的环卫设施指垃圾房、垃圾桶、清运车、公厕及其配套设施等。

第二条　应指定专人为卫生设施监护责任人。

第三条　环境设施应保持完好。

责任人应定期巡查、维护，发现问题及时处理。

第四条　保洁人员对卫生设施要经常清洗，长期保持其清洁、美观、摆放整齐。

第五条　保洁人员应自觉保护环卫设施，及时制止和纠正损坏环卫设施行为。

第六条　环卫专干每月对环卫设巡检。

发现设施损坏或接到报修电话，应及时维修。

第七条　环卫设施要定期保养和检修，保养和检修记录应完整。

第八条　垃圾房、垃圾桶、清运车，公厕等环卫设施完好率应达到98%以上。

全国普法学习读本

>>>>>>>>>>

公共设施保护法律法规学习读本

一般公共设施保护法律法规

■ 魏光朴　主编

加大全民普法力度，建设社会主义法治文化，树立宪法法律至上、法律面前人人平等的法治理念。

—— 中国共产党第十九次全国代表大会《决胜全面建成小康社会　夺取新时代中国特色社会主义伟大胜利》

汕头大学出版社

图书在版编目（CIP）数据

一般公共设施保护法律法规／魏光朴主编. -- 汕头：
汕头大学出版社，2023.4（重印）
（公共设施保护法律法规学习读本）
ISBN 978-7-5658-3339-7

Ⅰ. ①—… Ⅱ. ①魏… Ⅲ. ①法律-中国-学习参考
资料 Ⅳ. ①D920.4

中国版本图书馆 CIP 数据核字（2018）第 000995 号

一般公共设施保护法律法规 YIBAN GONGGONG SHESHI BAOHU FALÜ FAGUI

主　　编：魏光朴
责任编辑：邹　峰
责任技编：黄东生
封面设计：大华文苑
出版发行：汕头大学出版社
　　　　　广东省汕头市大学路 243 号汕头大学校园内　邮政编码：515063
电　　话：0754-82904613
印　　刷：三河市元兴印务有限公司
开　　本：690mm×960mm 1/16
印　　张：18
字　　数：226 千字
版　　次：2018 年 1 月第 1 版
印　　次：2023 年 4 月第 2 次印刷
定　　价：59.60 元（全 2 册）
ISBN 978-7-5658-3339-7

前　言

习近平总书记指出："推进全民守法，必须着力增强全民法治观念。要坚持把全民普法和守法作为依法治国的长期基础性工作，采取有力措施加强法制宣传教育。要坚持法治教育从娃娃抓起，把法治教育纳入国民教育体系和精神文明创建内容，由易到难、循序渐进不断增强青少年的规则意识。要健全公民和组织守法信用记录，完善守法诚信褒奖机制和违法失信行为惩戒机制，形成守法光荣、违法可耻的社会氛围，使遵法守法成为全体人民共同追求和自觉行动。"

中共中央、国务院曾经转发了中央宣传部、司法部关于在公民中开展法治宣传教育的规划，并发出通知，要求各地区各部门结合实际认真贯彻执行。通知指出，全民普法和守法是依法治国的长期基础性工作。深入开展法治宣传教育，是全面建成小康社会和新农村的重要保障。

普法规划指出：各地区各部门要根据实际需要，从不同群体的特点出发，因地制宜开展有特色的法治宣传教育坚持集中法治宣传教育与经常性法治宣传教育相结合，深化法律进机关、进乡村、进社区、进学校、进企业、进单位的"法律六进"主题活动，完善工作标准，建立长效机制。

特别是农业、农村和农民问题，始终是关系党和人民事业发展的全局性和根本性问题。党中央、国务院发布的《关于推进社会主义新农村建设的若干意见》中明确提出要"加强农村法制建设，深入开展农村普法教育，增强农民的法制观念，提高农民依法行使权利和履行义务的自觉性。"多年普法实践证明，普及法律知识，提高法制观念，增强全社会依法办事意识具有重要作用。特别是在广大农村进行普法教育，是提高全民法律素质的需要。

多年来，我国在农村实行的改革开放取得了极大成功，农村发生了翻天覆地的变化，广大农民生活水平大大得到了提高。但是，由于历史和社会等原因，现阶段我国一些地区农民文化素质还不高，不学法、不懂法、不守法现象虽然较原来有所改变，但仍有相当一部分群众的法制观念仍很淡化，不懂、不愿借助法律来保护自身权益，这就极易受到不法的侵害，或极易进行违法犯罪活动，严重阻碍了全面建成小康社会和新农村步伐。

为此，根据党和政府的指示精神以及普法规划，特别是根据广大农村农民的现状，在有关部门和专家的指导下，特别编辑了这套《全国普法学习读本》。主要包括了广大人民群众应知应懂、实际实用的法律法规。为了辅导学习，附录还收入了相应法律法规的条例准则、实施细则、解读解答、案例分析等；同时为了突出法律法规的实际实用特点，兼顾地方性和特殊性，附录还收入了部分某些地方性法律法规以及非法律法规的政策文件、管理制度、应用表格等内容，拓展了本书的知识范围，使法律法规更"接地气"，便于读者学习掌握和实际应用。

在众多法律法规中，我们通过甄别，淘汰了废止的，精选了最新的、权威的和全面的。但有部分法律法规有些条款不适应当下情况了，却没有颁布新的，我们又不能擅自改动，只得保留原有条款，但附录却有相应的补充修改意见或通知等。众多法律法规根据不同内容和受众特点，经过归类组合，优化配套。整套普法读本非常全面系统，具有很强的学习性、实用性和指导性，非常适合用于广大农村和城乡普法学习教育与实践指导。总之，是全国全民普法的良好读本。

目　　录

中华人民共和国石油天然气管道保护法

第一章　总　　则……………………………………………（1）

第二章　管道规划与建设……………………………………（3）

第三章　管道运行中的保护…………………………………（5）

第四章　管道建设工程与其他建设工程相遇关系的处理………（9）

第五章　法律责任……………………………………………（11）

第六章　附　　则……………………………………………（13）

附　录

　　最高人民法院、最高人民检察院关于办理盗窃油气、破坏

　　油气设备等刑事案件具体应用法律若干问题的解释 ……（14）

铁路安全管理条例

第一章　总　　则……………………………………………（17）

第二章　铁路建设质量安全 …………………………………（18）

第三章　铁路专用设备质量安全 ……………………………（20）

第四章　铁路线路安全 ………………………………………（22）

第五章　铁路运营安全 ………………………………………（28）

第六章　监督检查 ……………………………………………（32）

第七章　法律责任 ……………………………………………（33）

第八章　附　　则 ……………………………………………（37）

附　录

　　《铁路安全管理条例》解读 ………………………………（38）

　　铁路危险货物运输安全监督管理规定 ……………………（46）

铁路旅客运输安全检查管理办法 …………………………（55）

中华人民共和国公路法

第一章　总　则 …………………………………………（59）

第二章　公路规划 ………………………………………（60）

第三章　公路建设 ………………………………………（61）

第四章　公路养护 ………………………………………（64）

第五章　路政管理 ………………………………………（65）

第六章　收费公路 ………………………………………（67）

第七章　监督检查 ………………………………………（70）

第八章　法律责任 ………………………………………（70）

第九章　附　则 …………………………………………（72）

附　录

　　公路安全保护条例 ……………………………………（73）

　　城市道路管理条例 ……………………………………（89）

　　农村公路养护管理办法 ………………………………（96）

中华人民共和国河道管理条例

第一章　总　则 …………………………………………（102）

第二章　河道整治与建设 ………………………………（103）

第三章　河道保护 ………………………………………（105）

第四章　河道清障 ………………………………………（108）

第五章　经　费 …………………………………………（108）

第六章　罚　则 …………………………………………（109）

第七章　附　则 …………………………………………（111）

附　录

　　小型水库安全管理办法 ………………………………（112）

　　取水许可和水资源费征收管理条例 …………………（117）

　　农村饮水安全工程建设管理办法………………………（131）

中华人民共和国石油天然气
管道保护法

中华人民共和国主席令

第三十号

《中华人民共和国石油天然气管道保护法》已由中华人民共和国第十一届全国人民代表大会常务委员会第十五次会议于 2010 年 6 月 25 日通过，现予公布，自 2010 年 10 月 1 日起施行。

中华人民共和国主席　胡锦涛

2010 年 6 月 25 日

第一章　总　则

第一条　为了保护石油、天然气管道，保障石油、天然气输送安全，维护国家能源安全和公共安全，制定本法。

第二条　中华人民共和国境内输送石油、天然气的管道的保护，适用本法。

城镇燃气管道和炼油、化工等企业厂区内管道的保护，不适用本法。

第三条　本法所称石油包括原油和成品油，所称天然气包括天然气、煤层气和煤制气。

本法所称管道包括管道及管道附属设施。

第四条　国务院能源主管部门依照本法规定主管全国管道保护工作，负责组织编制并实施全国管道发展规划，统筹协调全国管道发展规划与其他专项规划的衔接，协调跨省、自治区、直辖市管道保护的重大问题。国务院其他有关部门依照有关法律、行政法规的规定，在各自职责范围内负责管道保护的相关工作。

第五条　省、自治区、直辖市人民政府能源主管部门和设区的市级、县级人民政府指定的部门，依照本法规定主管本行政区域的管道保护工作，协调处理本行政区域管道保护的重大问题，指导、监督有关单位履行管道保护义务，依法查处危害管道安全的违法行为。县级以上地方人民政府其他有关部门依照有关法律、行政法规的规定，在各自职责范围内负责管道保护的相关工作。

省、自治区、直辖市人民政府能源主管部门和设区的市级、县级人民政府指定的部门，统称县级以上地方人民政府主管管道保护工作的部门。

第六条　县级以上地方人民政府应当加强对本行政区域管道保护工作的领导，督促、检查有关部门依法履行管道保护职责，组织排除管道的重大外部安全隐患。

第七条　管道企业应当遵守本法和有关规划、建设、安全生产、质量监督、环境保护等法律、行政法规，执行国家技术规范的强制性要求，建立、健全本企业有关管道保护的规章制度和操作规程并组织实施，宣传管道安全与保护知识，履行管道保护义务，接受人民政府及其有关部门依法实施的监督，保障管道安全运行。

第八条　任何单位和个人不得实施危害管道安全的行为。

对危害管道安全的行为，任何单位和个人有权向县级以上地方人民政府主管管道保护工作的部门或者其他有关部门举报。接到举报的部门应当在职责范围内及时处理。

第九条　国家鼓励和促进管道保护新技术的研究开发和推广应用。

第二章　管道规划与建设

第十条　管道的规划、建设应当符合管道保护的要求，遵循安全、环保、节约用地和经济合理的原则。

第十一条　国务院能源主管部门根据国民经济和社会发展的需要组织编制全国管道发展规划。组织编制全国管道发展规划应当征求国务院有关部门以及有关省、自治区、直辖市人民政府的意见。

全国管道发展规划应当符合国家能源规划，并与土地利用总体规划、城乡规划以及矿产资源、环境保护、水利、铁路、公路、航道、港口、电信等规划相协调。

第十二条　管道企业应当根据全国管道发展规划编制管道建设规划，并将管道建设规划确定的管道建设选线方案报送拟建管道所在地县级以上地方人民政府城乡规划主管部门审核；经审核符合城乡规划的，应当依法纳入当地城乡规划。

纳入城乡规划的管道建设用地，不得擅自改变用途。

第十三条　管道建设的选线应当避开地震活动断层和容易发生洪灾、地质灾害的区域，与建筑物、构筑物、铁路、公路、航道、港口、市政设施、军事设施、电缆、光缆等保持本法和有关法律、行政法规以及国家技术规范的强制性要求规定的保护距离。

新建管道通过的区域受地理条件限制，不能满足前款规定的管道保护要求的，管道企业应当提出防护方案，经管道保护方面的专家评审论证，并经管道所在地县级以上地方人民政府主管管道保护工作的部门批准后，方可建设。

管道建设项目应当依法进行环境影响评价。

第十四条　管道建设使用土地，依照《中华人民共和国土地管理法》等法律、行政法规的规定执行。

依法建设的管道通过集体所有的土地或者他人取得使用权的国有土地，影响土地使用的，管道企业应当按照管道建设时土地的用途给予补偿。

第十五条 依照法律和国务院的规定，取得行政许可或者已报送备案并符合开工条件的管道项目的建设，任何单位和个人不得阻碍。

第十六条 管道建设应当遵守法律、行政法规有关建设工程质量管理的规定。

管道企业应当依照有关法律、行政法规的规定，选择具备相应资质的勘察、设计、施工、工程监理单位进行管道建设。

管道的安全保护设施应当与管道主体工程同时设计、同时施工、同时投入使用。

管道建设使用的管道产品及其附件的质量，应当符合国家技术规范的强制性要求。

第十七条 穿跨越水利工程、防洪设施、河道、航道、铁路、公路、港口、电力设施、通信设施、市政设施的管道的建设，应当遵守本法和有关法律、行政法规，执行国家技术规范的强制性要求。

第十八条 管道企业应当按照国家技术规范的强制性要求在管道沿线设置管道标志。管道标志毁损或者安全警示不清的，管道企业应当及时修复或者更新。

第十九条 管道建成后应当按照国家有关规定进行竣工验收。竣工验收应当审查管道是否符合本法规定的管道保护要求，经验收合格方可正式交付使用。

第二十条 管道企业应当自管道竣工验收合格之日起60日内，将竣工测量图报管道所在地县级以上地方人民政府主管管道保护工作的部门备案；县级以上地方人民政府主管管道保护工作的部门应当将管道企业报送的管道竣工测量图分送本级人民政府规划、建设、国土资源、铁路、交通、水利、公安、安全生产监督管理等部门和有关军事机关。

第二十一条　地方各级人民政府编制、调整土地利用总体规划和城乡规划，需要管道改建、搬迁或者增加防护设施的，应当与管道企业协商确定补偿方案。

第三章　管道运行中的保护

第二十二条　管道企业应当建立、健全管道巡护制度，配备专门人员对管道线路进行日常巡护。管道巡护人员发现危害管道安全的情形或者隐患，应当按照规定及时处理和报告。

第二十三条　管道企业应当定期对管道进行检测、维修，确保其处于良好状态；对管道安全风险较大的区段和场所应当进行重点监测，采取有效措施防止管道事故的发生。

对不符合安全使用条件的管道，管道企业应当及时更新、改造或者停止使用。

第二十四条　管道企业应当配备管道保护所必需的人员和技术装备，研究开发和使用先进适用的管道保护技术，保证管道保护所必需的经费投入，并对在管道保护中做出突出贡献的单位和个人给予奖励。

第二十五条　管道企业发现管道存在安全隐患，应当及时排除。对管道存在的外部安全隐患，管道企业自身排除确有困难的，应当向县级以上地方人民政府主管管道保护工作的部门报告。接到报告的主管管道保护工作的部门应当及时协调排除或者报请人民政府及时组织排除安全隐患。

第二十六条　管道企业依法取得使用权的土地，任何单位和个人不得侵占。

为合理利用土地，在保障管道安全的条件下，管道企业可以与有关单位、个人约定，同意有关单位、个人种植浅根农作物。但是，因管道巡护、检测、维修造成的农作物损失，除另有约定外，管道企业不予赔偿。

第二十七条 管道企业对管道进行巡护、检测、维修等作业，管道沿线的有关单位、个人应当给予必要的便利。

因管道巡护、检测、维修等作业给土地使用权人或者其他单位、个人造成损失的，管道企业应当依法给予赔偿。

第二十八条 禁止下列危害管道安全的行为：

（一）擅自开启、关闭管道阀门；

（二）采用移动、切割、打孔、砸撬、拆卸等手段损坏管道；

（三）移动、毁损、涂改管道标志；

（四）在埋地管道上方巡查便道上行驶重型车辆；

（五）在地面管道线路、架空管道线路和管桥上行走或者放置重物。

第二十九条 禁止在本法第五十八条第一项所列管道附属设施的上方架设电力线路、通信线路或者在储气库构造区域范围内进行工程挖掘、工程钻探、采矿。

第三十条 在管道线路中心线两侧各五米地域范围内，禁止下列危害管道安全的行为：

（一）种植乔木、灌木、藤类、芦苇、竹子或者其他根系深达管道埋设部位可能损坏管道防腐层的深根植物；

（二）取土、采石、用火、堆放重物、排放腐蚀性物质、使用机械工具进行挖掘施工；

（三）挖塘、修渠、修晒场、修建水产养殖场、建温室、建家畜棚圈、建房以及修建其他建筑物、构筑物。

第三十一条 在管道线路中心线两侧和本法第五十八条第一项所列管道附属设施周边修建下列建筑物、构筑物的，建筑物、构筑物与管道线路和管道附属设施的距离应当符合国家技术规范的强制性要求：

（一）居民小区、学校、医院、娱乐场所、车站、商场等人口密集的建筑物；

（二）变电站、加油站、加气站、储油罐、储气罐等易燃易爆物品的生产、经营、存储场所。

前款规定的国家技术规范的强制性要求，应当按照保障管道及建筑物、构筑物安全和节约用地的原则确定。

第三十二条 在穿越河流的管道线路中心线两侧各500米地域范围内，禁止抛锚、拖锚、挖砂、挖泥、采石、水下爆破。但是，在保障管道安全的条件下，为防洪和航道通畅而进行的养护疏浚作业除外。

第三十三条 在管道专用隧道中心线两侧各1000米地域范围内，除本条第二款规定的情形外，禁止采石、采矿、爆破。

在前款规定的地域范围内，因修建铁路、公路、水利工程等公共工程，确需实施采石、爆破作业的，应当经管道所在地县级人民政府主管管道保护工作的部门批准，并采取必要的安全防护措施，方可实施。

第三十四条 未经管道企业同意，其他单位不得使用管道专用伴行道路、管道水工防护设施、管道专用隧道等管道附属设施。

第三十五条 进行下列施工作业，施工单位应当向管道所在地县级人民政府主管管道保护工作的部门提出申请：

（一）穿跨越管道的施工作业；

（二）在管道线路中心线两侧各5米至50米和本法第五十八条第一项所列管道附属设施周边100米地域范围内，新建、改建、扩建铁路、公路、河渠，架设电力线路，埋设地下电缆、光缆，设置安全接地体、避雷接地体；

（三）在管道线路中心线两侧各200米和本法第五十八条第一项所列管道附属设施周边500米地域范围内，进行爆破、地震法勘探或者工程挖掘、工程钻探、采矿。

县级人民政府主管管道保护工作的部门接到申请后，应当组织施工单位与管道企业协商确定施工作业方案，并签订安全防护协议；协商不成的，主管管道保护工作的部门应当组织进行安全评审，作出是否批准作业的决定。

第三十六条 申请进行本法第三十三条第二款、第三十五条规定的施工作业，应当符合下列条件：

（一）具有符合管道安全和公共安全要求的施工作业方案；

（二）已制定事故应急预案；

（三）施工作业人员具备管道保护知识；

（四）具有保障安全施工作业的设备、设施。

第三十七条 进行本法第三十三条第二款、第三十五条规定的施工作业，应当在开工 7 日前书面通知管道企业。管道企业应当指派专门人员到现场进行管道保护安全指导。

第三十八条 管道企业在紧急情况下进行管道抢修作业，可以先行使用他人土地或者设施，但应当及时告知土地或者设施的所有权人或者使用权人。给土地或者设施的所有权人或者使用权人造成损失的，管道企业应当依法给予赔偿。

第三十九条 管道企业应当制定本企业管道事故应急预案，并报管道所在地县级人民政府主管管道保护工作的部门备案；配备抢险救援人员和设备，并定期进行管道事故应急救援演练。

发生管道事故，管道企业应当立即启动本企业管道事故应急预案，按照规定及时通报可能受到事故危害的单位和居民，采取有效措施消除或者减轻事故危害，并依照有关事故调查处理的法律、行政法规的规定，向事故发生地县级人民政府主管管道保护工作的部门、安全生产监督管理部门和其他有关部门报告。

接到报告的主管管道保护工作的部门应当按照规定及时上报事故情况，并根据管道事故的实际情况组织采取事故处置措施或者报请人民政府及时启动本行政区域管道事故应急预案，组织进行事故应急处置与救援。

第四十条 管道泄漏的石油和因管道抢修排放的石油造成环境污染的，管道企业应当及时治理。因第三人的行为致使管道泄漏造成环境污染的，管道企业有权向第三人追偿治理费用。

环境污染损害的赔偿责任，适用《中华人民共和国侵权责任法》和防治环境污染的法律的有关规定。

第四十一条 管道泄漏的石油和因管道抢修排放的石油，由管道企业回收、处理，任何单位和个人不得侵占、盗窃、哄抢。

第四十二条 管道停止运行、封存、报废的，管道企业应当采取必要的安全防护措施，并报县级以上地方人民政府主管管道保护工作的部门备案。

第四十三条 管道重点保护部位，需要由中国人民武装警察部队负责守卫的，依照《中华人民共和国人民武装警察法》和国务院、中央军事委员会的有关规定执行。

第四章 管道建设工程与其他建设工程相遇关系的处理

第四十四条 管道建设工程与其他建设工程的相遇关系，依照法律的规定处理；法律没有规定的，由建设工程双方按照下列原则协商处理，并为对方提供必要的便利：

（一）后开工的建设工程服从先开工或者已建成的建设工程；

（二）同时开工的建设工程，后批准的建设工程服从先批准的建设工程。

依照前款规定，后开工或者后批准的建设工程，应当符合先开工、已建成或者先批准的建设工程的安全防护要求；需要先开工、已建成或者先批准的建设工程改建、搬迁或者增加防护设施的，后开工或者后批准的建设工程一方应当承担由此增加的费用。

管道建设工程与其他建设工程相遇的，建设工程双方应当协商确定施工作业方案并签订安全防护协议，指派专门人员现场监督、指导对方施工。

第四十五条 经依法批准的管道建设工程，需要通过正在建设的其他建设工程的，其他工程建设单位应当按照管道建设工程的需要，预留管道通道或者预建管道通过设施，管道企业应当承担由此增加的费用。

经依法批准的其他建设工程，需要通过正在建设的管道建设工程的，管道建设单位应当按照其他建设工程的需要，预留通道或者预建相关设施，其他工程建设单位应当承担由此增加的费用。

第四十六条　管道建设工程通过矿产资源开采区域的，管道企业应当与矿产资源开采企业协商确定管道的安全防护方案，需要矿产资源开采企业按照管道安全防护要求预建防护设施或者采取其他防护措施的，管道企业应当承担由此增加的费用。

矿产资源开采企业未按照约定预建防护设施或者采取其他防护措施，造成地面塌陷、裂缝、沉降等地质灾害，致使管道需要改建、搬迁或者采取其他防护措施的，矿产资源开采企业应当承担由此增加的费用。

第四十七条　铁路、公路等建设工程修建防洪、分流等水工防护设施，可能影响管道保护的，应当事先通知管道企业并注意保护下游已建成的管道水工防护设施。

建设工程修建防洪、分流等水工防护设施，使下游已建成的管道水工防护设施的功能受到影响，需要新建、改建、扩建管道水工防护设施的，工程建设单位应当承担由此增加的费用。

第四十八条　县级以上地方人民政府水行政主管部门制定防洪、泄洪方案应当兼顾管道的保护。

需要在管道通过的区域泄洪的，县级以上地方人民政府水行政主管部门应当在泄洪方案确定后，及时将泄洪量和泄洪时间通知本级人民政府主管管道保护工作的部门和管道企业或者向社会公告。主管管道保护工作的部门和管道企业应当对管道采取防洪保护措施。

第四十九条　管道与航道相遇，确需在航道中修建管道防护设施的，应当进行通航标准技术论证，并经航道主管部门批准。管道防护设施完工后，应经航道主管部门验收。

进行前款规定的施工作业，应当在批准的施工区域内设置航标，航标的设置和维护费用由管道企业承担。

第五章　法律责任

第五十条　管道企业有下列行为之一的，由县级以上地方人民政府主管管道保护工作的部门责令限期改正；逾期不改正的，处 2 万元以上 10 万元以下的罚款；对直接负责的主管人员和其他直接责任人员给予处分：

（一）未依照本法规定对管道进行巡护、检测和维修的；

（二）对不符合安全使用条件的管道未及时更新、改造或者停止使用的；

（三）未依照本法规定设置、修复或者更新有关管道标志的；

（四）未依照本法规定将管道竣工测量图报人民政府主管管道保护工作的部门备案的；

（五）未制定本企业管道事故应急预案，或者未将本企业管道事故应急预案报人民政府主管管道保护工作的部门备案的；

（六）发生管道事故，未采取有效措施消除或者减轻事故危害的；

（七）未对停止运行、封存、报废的管道采取必要的安全防护措施的。

管道企业违反本法规定的行为同时违反建设工程质量管理、安全生产、消防等其他法律的，依照其他法律的规定处罚。

管道企业给他人合法权益造成损害的，依法承担民事责任。

第五十一条　采用移动、切割、打孔、砸撬、拆卸等手段损坏管道或者盗窃、哄抢管道输送、泄漏、排放的石油、天然气，尚不构成犯罪的，依法给予治安管理处罚。

第五十二条　违反本法第二十九条、第三十条、第三十二条或者第三十三条第一款的规定，实施危害管道安全行为的，由县级以上地方人民政府主管管道保护工作的部门责令停止违法行为；情节较重的，对单位处1万元以上10万元以下的罚款，对个人处200元以上2000元以下的罚款；对违法修建的建筑物、构筑物或者其他设施限期拆除；逾期未拆除的，由县级以上地方人民政府主管管道保护工作的部门组织拆除，所需费用由违法行为人承担。

第五十三条　未经依法批准，进行本法第三十三条第二款或者第三十五条规定的施工作业的，由县级以上地方人民政府主管管道保护工作的部门责令停止违法行为；情节较重的，处1万元以上5万元以下的罚款；对违法修建的危害管道安全的建筑物、构筑物或者其他设施限期拆除；逾期未拆除的，由县级以上地方人民政府主管管道保护工作的部门组织拆除，所需费用由违法行为人承担。

第五十四条　违反本法规定，有下列行为之一的，由县级以上地方人民政府主管管道保护工作的部门责令改正；情节严重的，处200元以上1000元以下的罚款：

（一）擅自开启、关闭管道阀门的；

（二）移动、毁损、涂改管道标志的；

（三）在埋地管道上方巡查便道上行驶重型车辆的；

（四）在地面管道线路、架空管道线路和管桥上行走或者放置重物的；

（五）阻碍依法进行的管道建设的。

第五十五条　违反本法规定，实施危害管道安全的行为，给管道企业造成损害的，依法承担民事责任。

第五十六条　县级以上地方人民政府及其主管管道保护工作的部门或者其他有关部门，违反本法规定，对应当组织排除的管道外部安全隐患不及时组织排除，发现危害管道安全的行为或者接到对危害管道安全行为的举报后不依法予以查处，或者有其他不依照本法规定履行职责的行为的，由其上级机关责令改正，对直接负责的主管人员和其他直接责任人员依法给予处分。

第五十七条　违反本法规定，构成犯罪的，依法追究刑事责任。

第六章　附　则

第五十八条　本法所称管道附属设施包括：

（一）管道的加压站、加热站、计量站、集油站、集气站、输油站、输气站、配气站、处理场、清管站、阀室、阀井、放空设施、油库、储气库、装卸栈桥、装卸场；

（二）管道的水工防护设施、防风设施、防雷设施、抗震设施、通信设施、安全监控设施、电力设施、管堤、管桥以及管道专用涵洞、隧道等穿跨越设施；

（三）管道的阴极保护站、阴极保护测试桩、阳极地床、杂散电流排流站等防腐设施；

（四）管道穿越铁路、公路的检漏装置；

（五）管道的其他附属设施。

第五十九条　本法施行前在管道保护距离内已建成的人口密集场所和易燃易爆物品的生产、经营、存储场所，应当由所在地人民政府根据当地的实际情况，有计划、分步骤地进行搬迁、清理或者采取必要的防护措施。需要已建成的管道改建、搬迁或者采取必要的防护措施的，应当与管道企业协商确定补偿方案。

第六十条　国务院可以根据海上石油、天然气管道的具体情况，制定海上石油、天然气管道保护的特别规定。

第六十一条　本法自 2010 年 10 月 1 日起施行。

附　录

最高人民法院、最高人民检察院关于办理盗窃油气、破坏油气设备等刑事案件具体应用法律若干问题的解释

最高人民法院、最高人民检察院公告
法释〔2007〕第3号

《最高人民法院、最高人民检察院关于办理盗窃油气、破坏油气设备等刑事案件具体应用法律若干问题的解释》已于2006年11月20日由最高人民法院审判委员会第1406次会议、2006年12月11日由最高人民检察院第十届检察委员会第66次会议通过，现予公布，自2007年1月19日起施行。

最高人民法院

最高人民检察院

二〇〇七年一月十五日

为维护油气的生产、运输安全，依法惩治盗窃油气、破坏油气设备等犯罪，根据刑法有关规定，现就办理这类刑事案件具体应用法律的若干问题解释如下：

第一条　在实施盗窃油气等行为过程中，采用切割、打孔、撬砸、拆卸、开关等手段破坏正在使用的油气设备的，属于刑

法第一百一十八条规定的"破坏燃气或者其他易燃易爆设备"的行为；危害公共安全，尚未造成严重后果的，依照刑法第一百一十八条的规定定罪处罚。

第二条 实施本解释第一条规定的行为，具有下列情形之一的，属于刑法第一百一十九条第一款规定的"造成严重后果"，依照刑法第一百一十九条第一款的规定定罪处罚：

一、造成一人以上死亡、三人以上重伤或者十人以上轻伤的；

二、造成井喷或者重大环境污染事故的；

三、造成直接经济损失数额在五十万元以上的；

四、造成其他严重后果的。

第三条 盗窃油气或者正在使用的油气设备，构成犯罪，但未危害公共安全的，依照刑法第二百六十四条的规定，以盗窃罪定罪处罚。

盗窃油气，数额巨大但尚未运离现场的，以盗窃未遂定罪处罚。

为他人盗窃油气而偷开油气井、油气管道等油气设备阀门排放油气或者提供其他帮助的，以盗窃罪的共犯定罪处罚。

第四条 盗窃油气同时构成盗窃罪和破坏易燃易爆设备罪的，依照刑法处罚较重的规定定罪处罚。

第五条 明知是盗窃犯罪所得的油气或者油气设备，而予以窝藏、转移、收购、加工、代为销售或者以其他方法掩饰、隐瞒的，依照刑法第三百一十二条的规定定罪处罚。

实施前款规定的犯罪行为，事前通谋的，以盗窃犯罪的共犯定罪处罚。

第六条 违反矿产资源法的规定，非法开采或者破坏性开采石油、天然气资源的，依照刑法第三百四十三条以及《最高人民法院关于审理非法采矿、破坏性采矿刑事案件具体应用法律若干问题的解释》的规定追究刑事责任。

第七条 国家机关工作人员滥用职权或者玩忽职守，实施下列行为之一，致使公共财产、国家和人民利益遭受重大损失的，依照刑法第三百九十七条的规定，以滥用职权罪或者玩忽职守罪定罪处罚：

一、超越职权范围，批准发放石油、天然气勘查、开采、加工、经营等许可证的；

二、违反国家规定，给不符合法定条件的单位、个人发放石油、天然气勘查、开采、加工、经营等许可证的；

三、违反《石油天然气管道保护条例》等国家规定，在油气设备安全保护范围内批准建设项目的；

四、对发现或者经举报查实的未经依法批准、许可擅自从事石油、天然气勘查、开采、加工、经营等违法活动不予查封、取缔的。

第八条 本解释所称的"油气"，是指石油、天然气。其中，石油包括原油、成品油；天然气包括煤层气。

本解释所称"油气设备"，是指用于石油、天然气生产、储存、运输等易燃易爆设备。

铁路安全管理条例

中华人民共和国国务院令

第 639 号

《铁路安全管理条例》已经 2013 年 7 月 24 日国务院第 18 次常务会议通过，现予公布，自 2014 年 1 月 1 日起施行。

总理　李克强

2013 年 8 月 17 日

第一章　总　　则

第一条　为了加强铁路安全管理，保障铁路运输安全和畅通，保护人身安全和财产安全，制定本条例。

第二条　铁路安全管理坚持安全第一、预防为主、综合治理的方针。

第三条　国务院铁路行业监督管理部门负责全国铁路安全监督管理工作，国务院铁路行业监督管理部门设立的铁路监督管理机构负责辖区内的铁路安全监督管理工作。国务院铁路行业监督管理部门和铁路监督管理机构统称铁路监管部门。

国务院有关部门依照法律和国务院规定的职责，负责铁路安全管理的有关工作。

第四条 铁路沿线地方各级人民政府和县级以上地方人民政府有关部门应当按照各自职责，加强保障铁路安全的教育，落实护路联防责任制，防范和制止危害铁路安全的行为，协调和处理保障铁路安全的有关事项，做好保障铁路安全的有关工作。

第五条 从事铁路建设、运输、设备制造维修的单位应当加强安全管理，建立健全安全生产管理制度，落实企业安全生产主体责任，设置安全管理机构或者配备安全管理人员，执行保障生产安全和产品质量安全的国家标准、行业标准，加强对从业人员的安全教育培训，保证安全生产所必需的资金投入。

铁路建设、运输、设备制造维修单位的工作人员应当严格执行规章制度，实行标准化作业，保证铁路安全。

第六条 铁路监管部门、铁路运输企业等单位应当按照国家有关规定制定突发事件应急预案，并组织应急演练。

第七条 禁止扰乱铁路建设、运输秩序。禁止损坏或者非法占用铁路设施设备、铁路标志和铁路用地。

任何单位或者个人发现损坏或者非法占用铁路设施设备、铁路标志、铁路用地以及其他影响铁路安全的行为，有权报告铁路运输企业，或者向铁路监管部门、公安机关或者其他有关部门举报。接到报告的铁路运输企业、接到举报的部门应当根据各自职责及时处理。

对维护铁路安全作出突出贡献的单位或者个人，按照国家有关规定给予表彰奖励。

第二章　铁路建设质量安全

第八条 铁路建设工程的勘察、设计、施工、监理以及建设物资、设备的采购，应当依法进行招标。

第九条　从事铁路建设工程勘察、设计、施工、监理活动的单位应当依法取得相应资质，并在其资质等级许可的范围内从事铁路工程建设活动。

第十条　铁路建设单位应当选择具备相应资质等级的勘察、设计、施工、监理单位进行工程建设，并对建设工程的质量安全进行监督检查，制作检查记录留存备查。

第十一条　铁路建设工程的勘察、设计、施工、监理应当遵守法律、行政法规关于建设工程质量和安全管理的规定，执行国家标准、行业标准和技术规范。

铁路建设工程的勘察、设计、施工单位依法对勘察、设计、施工的质量负责，监理单位依法对施工质量承担监理责任。

高速铁路和地质构造复杂的铁路建设工程实行工程地质勘察监理制度。

第十二条　铁路建设工程的安全设施应当与主体工程同时设计、同时施工、同时投入使用。安全设施投资应当纳入建设项目概算。

第十三条　铁路建设工程使用的材料、构件、设备等产品，应当符合有关产品质量的强制性国家标准、行业标准。

第十四条　铁路建设工程的建设工期，应当根据工程地质条件、技术复杂程度等因素，按照国家标准、行业标准和技术规范合理确定、调整。

任何单位和个人不得违反前款规定要求铁路建设、设计、施工单位压缩建设工期。

第十五条　铁路建设工程竣工，应当按照国家有关规定组织验收，并由铁路运输企业进行运营安全评估。经验收、评估合格，符合运营安全要求的，方可投入运营。

第十六条　在铁路线路及其邻近区域进行铁路建设工程施工，应当执行铁路营业线施工安全管理规定。铁路建设单位应当会同相关铁路运输企业和工程设计、施工单位制定安全施工方案，按照方案进行施工。施工完毕应当及时清理现场，不得影响铁路运营安全。

第十七条　新建、改建设计开行时速 120 公里以上列车的铁路或者设计运输量达到国务院铁路行业监督管理部门规定的较大运输量标准的铁路，需要与道路交叉的，应当设置立体交叉设施。

新建、改建高速公路、一级公路或者城市道路中的快速路，需要与铁路交叉的，应当设置立体交叉设施，并优先选择下穿铁路的方案。

已建成的属于前两款规定情形的铁路、道路为平面交叉的，应当逐步改造为立体交叉。

新建、改建高速铁路需要与普通铁路、道路、渡槽、管线等设施交叉的，应当优先选择高速铁路上跨方案。

第十八条　设置铁路与道路立体交叉设施及其附属安全设施所需费用的承担，按照下列原则确定：

（一）新建、改建铁路与既有道路交叉的，由铁路方承担建设费用；道路方要求超过既有道路建设标准建设所增加的费用，由道路方承担；

（二）新建、改建道路与既有铁路交叉的，由道路方承担建设费用；铁路方要求超过既有铁路线路建设标准建设所增加的费用，由铁路方承担；

（三）同步建设的铁路和道路需要设置立体交叉设施以及既有铁路道口改造为立体交叉的，由铁路方和道路方按照公平合理的原则分担建设费用。

第十九条　铁路与道路立体交叉设施及其附属安全设施竣工验收合格后，应当按照国家有关规定移交有关单位管理、维护。

第二十条　专用铁路、铁路专用线需要与公用铁路网接轨的，应当符合国家有关铁路建设、运输的安全管理规定。

第三章　铁路专用设备质量安全

第二十一条　设计、制造、维修或者进口新型铁路机车车辆，应当符合国家标准、行业标准，并分别向国务院铁路行业监督管理部门申请领取型号合格证、制造许可证、维修许可证或者进口许可证，具体办法由国务院铁路行业监督管理部门制定。

铁路机车车辆的制造、维修、使用单位应当遵守有关产品质量的法律、行政法规以及国家其他有关规定，确保投入使用的机车车辆符合安全运营要求。

第二十二条 生产铁路道岔及其转辙设备、铁路信号控制软件和控制设备、铁路通信设备、铁路牵引供电设备的企业，应当符合下列条件并经国务院铁路行业监督管理部门依法审查批准：

（一）有按照国家标准、行业标准检测、检验合格的专业生产设备；

（二）有相应的专业技术人员；

（三）有完善的产品质量保证体系和安全管理制度；

（四）法律、行政法规规定的其他条件。

第二十三条 铁路机车车辆以外的直接影响铁路运输安全的铁路专用设备，依法应当进行产品认证的，经认证合格方可出厂、销售、进口、使用。

第二十四条 用于危险化学品和放射性物品运输的铁路罐车、专用车辆以及其他容器的生产和检测、检验，依照有关法律、行政法规的规定执行。

第二十五条 用于铁路运输的安全检测、监控、防护设施设备，集装箱和集装化用具等运输器具，专用装卸机械、索具、篷布、装载加固材料或者装置，以及运输包装、货物装载加固等，应当符合国家标准、行业标准和技术规范。

第二十六条 铁路机车车辆以及其他铁路专用设备存在缺陷，即由于设计、制造、标识等原因导致同一批次、型号或者类别的铁路专用设备普遍存在不符合保障人身、财产安全的国家标准、行业标准的情形或者其他危及人身、财产安全的不合理危险的，应当立即停止生产、销售、进口、使用；设备制造者应当召回缺陷产品，采取措施消除缺陷。具体办法由国务院铁路行业监督管理部门制定。

第四章　铁路线路安全

第二十七条　铁路线路两侧应当设立铁路线路安全保护区。铁路线路安全保护区的范围，从铁路线路路堤坡脚、路堑坡顶或者铁路桥梁（含铁路、道路两用桥，下同）外侧起向外的距离分别为：

（一）城市市区高速铁路为 10 米，其他铁路为 8 米；

（二）城市郊区居民居住区高速铁路为 12 米，其他铁路为 10 米；

（三）村镇居民居住区高速铁路为 15 米，其他铁路为 12 米；

（四）其他地区高速铁路为 20 米，其他铁路为 15 米。

前款规定距离不能满足铁路运输安全保护需要的，由铁路建设单位或者铁路运输企业提出方案，铁路监督管理机构或者县级以上地方人民政府依照本条第三款规定程序划定。

在铁路用地范围内划定铁路线路安全保护区的，由铁路监督管理机构组织铁路建设单位或者铁路运输企业划定并公告。在铁路用地范围外划定铁路线路安全保护区的，由县级以上地方人民政府根据保障铁路运输安全和节约用地的原则，组织有关铁路监督管理机构、县级以上地方人民政府国土资源等部门划定并公告。

铁路线路安全保护区与公路建筑控制区、河道管理范围、水利工程管理和保护范围、航道保护范围或者石油、电力以及其他重要设施保护区重叠的，由县级以上地方人民政府组织有关部门依照法律、行政法规的规定协商划定并公告。

新建、改建铁路的铁路线路安全保护区范围，应当自铁路建设工程初步设计批准之日起 30 日内，由县级以上地方人民政府依照本条例的规定划定并公告。铁路建设单位或者铁路运输企业应当根据工程竣工资料进行勘界，绘制铁路线路安全保护区平面图，并根据平面图设立标桩。

第二十八条　设计开行时速 120 公里以上列车的铁路应当实行全封闭管理。铁路建设单位或者铁路运输企业应当按照国务院铁路行业监督管理部门的规定在铁路用地范围内设置封闭设施和警示标志。

第二十九条　禁止在铁路线路安全保护区内烧荒、放养牲畜、种植影响铁路线路安全和行车瞭望的树木等植物。

禁止向铁路线路安全保护区排污、倾倒垃圾以及其他危害铁路安全的物质。

第三十条　在铁路线路安全保护区内建造建筑物、构筑物等设施，取土、挖砂、挖沟、采空作业或者堆放、悬挂物品，应当征得铁路运输企业同意并签订安全协议，遵守保证铁路安全的国家标准、行业标准和施工安全规范，采取措施防止影响铁路运输安全。铁路运输企业应当派员对施工现场实行安全监督。

第三十一条　铁路线路安全保护区内既有的建筑物、构筑物危及铁路运输安全的，应当采取必要的安全防护措施；采取安全防护措施后仍不能保证安全的，依照有关法律的规定拆除。

拆除铁路线路安全保护区内的建筑物、构筑物，清理铁路线路安全保护区内的植物，或者对他人在铁路线路安全保护区内已依法取得的采矿权等合法权利予以限制，给他人造成损失的，应当依法给予补偿或者采取必要的补救措施。但是，拆除非法建设的建筑物、构筑物的除外。

第三十二条　在铁路线路安全保护区及其邻近区域建造或者设置的建筑物、构筑物、设备等，不得进入国家规定的铁路建筑限界。

第三十三条　在铁路线路两侧建造、设立生产、加工、储存或者销售易燃、易爆或者放射性物品等危险物品的场所、仓库，应当符合国家标准、行业标准规定的安全防护距离。

第三十四条　在铁路线路两侧从事采矿、采石或者爆破作业，应当遵守有关采矿和民用爆破的法律法规，符合国家标准、行业标准和铁路安全保护要求。

在铁路线路路堤坡脚、路堑坡顶、铁路桥梁外侧起向外各 1000 米范围内，以及在铁路隧道上方中心线两侧各 1000 米范围内，确需从事露天采矿、采石或者爆破作业的，应当与铁路运输企业协商一致，依照有关法律法规的规定报县级以上地方人民政府有关部门批准，采取安全防护措施后方可进行。

第三十五条 高速铁路线路路堤坡脚、路堑坡顶或者铁路桥梁外侧起向外各 200 米范围内禁止抽取地下水。

在前款规定范围外，高速铁路线路经过的区域属于地面沉降区域，抽取地下水危及高速铁路安全的，应当设置地下水禁止开采区或者限制开采区，具体范围由铁路监督管理机构会同县级以上地方人民政府水行政主管部门提出方案，报省、自治区、直辖市人民政府批准并公告。

第三十六条 在电气化铁路附近从事排放粉尘、烟尘及腐蚀性气体的生产活动，超过国家规定的排放标准，危及铁路运输安全的，由县级以上地方人民政府有关部门依法责令整改，消除安全隐患。

第三十七条 任何单位和个人不得擅自在铁路桥梁跨越处河道上下游各 1000 米范围内围垦造田、拦河筑坝、架设浮桥或者修建其他影响铁路桥梁安全的设施。

因特殊原因确需在前款规定的范围内进行围垦造田、拦河筑坝、架设浮桥等活动的，应当进行安全论证，负责审批的机关在批准前应当征求有关铁路运输企业的意见。

第三十八条 禁止在铁路桥梁跨越处河道上下游的下列范围内采砂、淘金：

（一）跨河桥长 500 米以上的铁路桥梁，河道上游 500 米，下游 3000 米；

（二）跨河桥长 100 米以上不足 500 米的铁路桥梁，河道上游

500 米，下游 2000 米；

（三）跨河桥长不足 100 米的铁路桥梁，河道上游 500 米，下游 1000 米。

有关部门依法在铁路桥梁跨越处河道上下游划定的禁采范围大于前款规定的禁采范围的，按照划定的禁采范围执行。

县级以上地方人民政府水行政主管部门、国土资源主管部门应当按照各自职责划定禁采区域、设置禁采标志，制止非法采砂、淘金行为。

第三十九条 在铁路桥梁跨越处河道上下游各 500 米范围内进行疏浚作业，应当进行安全技术评价，有关河道、航道管理部门应当征求铁路运输企业的意见，确认安全或者采取安全技术措施后，方可批准进行疏浚作业。但是，依法进行河道、航道日常养护、疏浚作业的除外。

第四十条 铁路、道路两用桥由所在地铁路运输企业和道路管理部门或者道路经营企业定期检查、共同维护，保证桥梁处于安全的技术状态。

铁路、道路两用桥的墩、梁等共用部分的检测、维修由铁路运输企业和道路管理部门或者道路经营企业共同负责，所需费用按照公平合理的原则分担。

第四十一条 铁路的重要桥梁和隧道按照国家有关规定由中国人民武装警察部队负责守卫。

第四十二条 船舶通过铁路桥梁应当符合桥梁的通航净空高度并遵守航行规则。

桥区航标中的桥梁航标、桥柱标、桥梁水尺标由铁路运输企业负责设置、维护，水面航标由铁路运输企业负责设置，航道管理部门负责维护。

第四十三条 下穿铁路桥梁、涵洞的道路应当按照国家标准设置车辆通过限高、限宽标志和限高防护架。城市道路的限高、限宽标志由当地人民政府指定的部门设置并维护，公路的限高、限宽标志由公路管理部门设置并维护。限高防护架在铁路桥梁、涵洞、道路建设时设置，由铁路运输企业负责维护。

机动车通过下穿铁路桥梁、涵洞的道路，应当遵守限高、限宽规定。

下穿铁路涵洞的管理单位负责涵洞的日常管理、维护，防止淤塞、积水。

第四十四条 铁路线路安全保护区内的道路和铁路线路路堑上的道路、跨越铁路线路的道路桥梁，应当按照国家有关规定设置防止车辆以及其他物体进入、坠入铁路线路的安全防护设施和警示标志，并由道路管理部门或者道路经营企业维护、管理。

第四十五条 架设、铺设铁路信号和通信线路、杆塔应当符合国家标准、行业标准和铁路安全防护要求。铁路运输企业、为铁路运输提供服务的电信企业应当加强对铁路信号和通信线路、杆塔的维护和管理。

第四十六条 设置或者拓宽铁路道口、铁路人行过道，应当征得铁路运输企业的同意。

第四十七条 铁路与道路交叉的无人看守道口应当按照国家标准设置警示标志；有人看守道口应当设置移动栏杆、列车接近报警装置、警示灯、警示标志、铁路道口路段标线等安全防护设施。

道口移动栏杆、列车接近报警装置、警示灯等安全防护设施由铁路运输企业设置、维护；警示标志、铁路道口路段标线由铁路道口所在地的道路管理部门设置、维护。

第四十八条 机动车或者非机动车在铁路道口内发生故障或者装载物掉落的，应当立即将故障车辆或者掉落的装载物移至铁路道口停止线以外或者铁路线路最外侧钢轨5米以外的安全地点。无法立即移至安全地点的，应当立即报告铁路道口看守人员；在无人看守道口，应当立即在道口两端采取措施拦停列车，并就近通知铁路车站或者公安机关。

第四十九条 履带车辆等可能损坏铁路设施设备的车辆、物体通过铁路道口，应当提前通知铁路道口管理单位，在其协助、指导下通过，并采取相应的安全防护措施。

第五十条 在下列地点，铁路运输企业应当按照国家标准、行业标准设置易于识别的警示、保护标志：

（一）铁路桥梁、隧道的两端；

（二）铁路信号、通信光（电）缆的埋设、铺设地点；

（三）电气化铁路接触网、自动闭塞供电线路和电力贯通线路等电力设施附近易发生危险的地点。

第五十一条 禁止毁坏铁路线路、站台等设施设备和铁路路基、护坡、排水沟、防护林木、护坡草坪、铁路线路封闭网及其他铁路防护设施。

第五十二条 禁止实施下列危及铁路通信、信号设施安全的行为：

（一）在埋有地下光（电）缆设施的地面上方进行钻探，堆放重物、垃圾，焚烧物品，倾倒腐蚀性物质；

（二）在地下光（电）缆两侧各 1 米的范围内建造、搭建建筑物、构筑物等设施；

（三）在地下光（电）缆两侧各 1 米的范围内挖砂、取土；

（四）在过河光（电）缆两侧各 100 米的范围内挖砂、抛锚或者进行其他危及光（电）缆安全的作业。

第五十三条 禁止实施下列危害电气化铁路设施的行为：

（一）向电气化铁路接触网抛掷物品；

（二）在铁路电力线路导线两侧各 500 米的范围内升放风筝、气球等低空飘浮物体；

（三）攀登铁路电力线路杆塔或者在杆塔上架设、安装其他设施设备；

（四）在铁路电力线路杆塔、拉线周围 20 米范围内取土、打桩、钻探或者倾倒有害化学物品；

（五）触碰电气化铁路接触网。

第五十四条　县级以上各级人民政府及其有关部门、铁路运输企业应当依照地质灾害防治法律法规的规定，加强铁路沿线地质灾害的预防、治理和应急处理等工作。

第五十五条　铁路运输企业应当对铁路线路、铁路防护设施和警示标志进行经常性巡查和维护；对巡查中发现的安全问题应当立即处理，不能立即处理的应当及时报告铁路监督管理机构。巡查和处理情况应当记录留存。

第五章　铁路运营安全

第五十六条　铁路运输企业应当依照法律、行政法规和国务院铁路行业监督管理部门的规定，制定铁路运输安全管理制度，完善相关作业程序，保障铁路旅客和货物运输安全。

第五十七条　铁路机车车辆的驾驶人员应当参加国务院铁路行业监督管理部门组织的考试，考试合格方可上岗。具体办法由国务院铁路行业监督管理部门制定。

第五十八条　铁路运输企业应当加强铁路专业技术岗位和主要行车工种岗位从业人员的业务培训和安全培训，提高从业人员的业务技能和安全意识。

第五十九条　铁路运输企业应当加强运输过程中的安全防护，使用的运输工具、装载加固设备以及其他专用设施设备应当符合国家标准、行业标准和安全要求。

第六十条　铁路运输企业应当建立健全铁路设施设备的检查防护制度，加强对铁路设施设备的日常维护检修，确保铁路设施设备性能完好和安全运行。

铁路运输企业的从业人员应当按照操作规程使用、管理铁路设施设备。

第六十一条　在法定假日和传统节日等铁路运输高峰期或者恶劣气象条件下，铁路运输企业应当采取必要的安全应急管理措施，加强铁路运输安全检查，确保运输安全。

第六十二条 铁路运输企业应当在列车、车站等场所公告旅客、列车工作人员以及其他进站人员遵守的安全管理规定。

第六十三条 公安机关应当按照职责分工，维护车站、列车等铁路场所和铁路沿线的治安秩序。

第六十四条 铁路运输企业应当按照国务院铁路行业监督管理部门的规定实施火车票实名购买、查验制度。

实施火车票实名购买、查验制度的，旅客应当凭有效身份证件购票乘车；对车票所记载身份信息与所持身份证件或者真实身份不符的持票人，铁路运输企业有权拒绝其进站乘车。

铁路运输企业应当采取有效措施为旅客实名购票、乘车提供便利，并加强对旅客身份信息的保护。铁路运输企业工作人员不得窃取、泄露旅客身份信息。

第六十五条 铁路运输企业应当依照法律、行政法规和国务院铁路行业监督管理部门的规定，对旅客及其随身携带、托运的行李物品进行安全检查。

从事安全检查的工作人员应当佩戴安全检查标志，依法履行安全检查职责，并有权拒绝不接受安全检查的旅客进站乘车和托运行李物品。

第六十六条 旅客应当接受并配合铁路运输企业在车站、列车实施的安全检查，不得违法携带、夹带管制器具，不得违法携带、托运烟花爆竹、枪支弹药等危险物品或者其他违禁物品。

禁止或者限制携带的物品种类及其数量由国务院铁路行业监督管理部门会同公安机关规定，并在车站、列车等场所公布。

第六十七条 铁路运输托运人托运货物、行李、包裹，不得有下列行为：

（一）匿报、谎报货物品名、性质、重量；

（二）在普通货物中夹带危险货物，或者在危险货物中夹带禁止配装的货物；

（三）装车、装箱超过规定重量。

第六十八条 铁路运输企业应当对承运的货物进行安全检查，并不得有下列行为：

（一）在非危险货物办理站办理危险货物承运手续；

（二）承运未接受安全检查的货物；

（三）承运不符合安全规定、可能危害铁路运输安全的货物。

第六十九条 运输危险货物应当依照法律法规和国家其他有关规定使用专用的设施设备，托运人应当配备必要的押运人员和应急处理器材、设备以及防护用品，并使危险货物始终处于押运人员的监管之下；危险货物发生被盗、丢失、泄漏等情况，应当按照国家有关规定及时报告。

第七十条 办理危险货物运输业务的工作人员和装卸人员、押运人员，应当掌握危险货物的性质、危害特性、包装容器的使用特性和发生意外的应急措施。

第七十一条 铁路运输企业和托运人应当按照操作规程包装、装卸、运输危险货物，防止危险货物泄漏、爆炸。

第七十二条 铁路运输企业和托运人应当依照法律法规和国家其他有关规定包装、装载、押运特殊药品，防止特殊药品在运输过程中被盗、被劫或者发生丢失。

第七十三条 铁路管理信息系统及其设施的建设和使用，应当符合法律法规和国家其他有关规定的安全技术要求。

铁路运输企业应当建立网络与信息安全应急保障体系，并配备相应的专业技术人员负责网络和信息系统的安全管理工作。

第七十四条 禁止使用无线电台（站）以及其他仪器、装置干扰铁路运营指挥调度无线电频率的正常使用。

铁路运营指挥调度无线电频率受到干扰的，铁路运输企业应当立即采取排查措施并报告无线电管理机构、铁路监管部门；无线电管理机构、铁路监管部门应当依法排除干扰。

第七十五条 电力企业应当依法保障铁路运输所需电力的持续

供应，并保证供电质量。

铁路运输企业应当加强用电安全管理，合理配置供电电源和应急自备电源。

遇有特殊情况影响铁路电力供应的，电力企业和铁路运输企业应当按照各自职责及时组织抢修，尽快恢复正常供电。

第七十六条 铁路运输企业应当加强铁路运营食品安全管理，遵守有关食品安全管理的法律法规和国家其他有关规定，保证食品安全。

第七十七条 禁止实施下列危害铁路安全的行为：

（一）非法拦截列车、阻断铁路运输；

（二）扰乱铁路运输指挥调度机构以及车站、列车的正常秩序；

（三）在铁路线路上放置、遗弃障碍物；

（四）击打列车；

（五）擅自移动铁路线路上的机车车辆，或者擅自开启列车车门、违规操纵列车紧急制动设备；

（六）拆盗、损毁或者擅自移动铁路设施设备、机车车辆配件、标桩、防护设施和安全标志；

（七）在铁路线路上行走、坐卧或者在未设道口、人行过道的铁路线路上通过；

（八）擅自进入铁路线路封闭区域或者在未设置行人通道的铁路桥梁、隧道通行；

（九）擅自开启、关闭列车的货车阀、盖或者破坏施封状态；

（十）擅自开启列车中的集装箱箱门，破坏箱体、阀、盖或者施封状态；

（十一）擅自松动、拆解、移动列车中的货物装载加固材料、装置和设备；

（十二）钻车、扒车、跳车；

（十三）从列车上抛扔杂物；

（十四）在动车组列车上吸烟或者在其他列车的禁烟区域吸烟；

（十五）强行登乘或者以拒绝下车等方式强占列车；

（十六）冲击、堵塞、占用进出站通道或者候车区、站台。

第六章　监督检查

第七十八条　铁路监管部门应当对从事铁路建设、运输、设备制造维修的企业执行本条例的情况实施监督检查，依法查处违反本条例规定的行为，依法组织或者参与铁路安全事故的调查处理。

铁路监管部门应当建立企业违法行为记录和公告制度，对违反本条例被依法追究法律责任的从事铁路建设、运输、设备制造维修的企业予以公布。

第七十九条　铁路监管部门应当加强对铁路运输高峰期和恶劣气象条件下运输安全的监督管理，加强对铁路运输的关键环节、重要设施设备的安全状况以及铁路运输突发事件应急预案的建立和落实情况的监督检查。

第八十条　铁路监管部门和县级以上人民政府安全生产监督管理部门应当建立信息通报制度和运输安全生产协调机制。发现重大安全隐患，铁路运输企业难以自行排除的，应当及时向铁路监管部门和有关地方人民政府报告。地方人民政府获悉铁路沿线有危及铁路运输安全的重要情况，应当及时通报有关的铁路运输企业和铁路监管部门。

第八十一条　铁路监管部门发现安全隐患，应当责令有关单位立即排除。重大安全隐患排除前或者排除过程中无法保证安全的，应当责令从危险区域内撤出人员、设备，停止作业；重大安全隐患排除后方可恢复作业。

第八十二条　实施铁路安全监督检查的人员执行监督检查任务时，应当佩戴标志或者出示证件。任何单位和个人不得阻碍、干扰安全监督检查人员依法履行安全检查职责。

第七章 法律责任

第八十三条 铁路建设单位和铁路建设的勘察、设计、施工、监理单位违反本条例关于铁路建设质量安全管理的规定的，由铁路监管部门依照有关工程建设、招标投标管理的法律、行政法规的规定处罚。

第八十四条 铁路建设单位未对高速铁路和地质构造复杂的铁路建设工程实行工程地质勘察监理，或者在铁路线路及其邻近区域进行铁路建设工程施工不执行铁路营业线施工安全管理规定，影响铁路运营安全的，由铁路监管部门责令改正，处10万元以上50万元以下的罚款。

第八十五条 依法应当进行产品认证的铁路专用设备未经认证合格，擅自出厂、销售、进口、使用的，依照《中华人民共和国认证认可条例》的规定处罚。

第八十六条 铁路机车车辆以及其他专用设备制造者未按规定召回缺陷产品，采取措施消除缺陷的，由国务院铁路行业监督管理部门责令改正；拒不改正的，处缺陷产品货值金额1%以上10%以下的罚款；情节严重的，由国务院铁路行业监督管理部门吊销相应的许可证件。

第八十七条 有下列情形之一的，由铁路监督管理机构责令改正，处2万元以上10万元以下的罚款：

（一）用于铁路运输的安全检测、监控、防护设施设备，集装箱和集装化用具等运输器具、专用装卸机械、索具、篷布、装载加固材料或者装置、运输包装、货物装载加固等，不符合国家标准、行业标准和技术规范；

（二）不按照国家有关规定和标准设置、维护铁路封闭设施、安全防护设施；

（三）架设、铺设铁路信号和通信线路、杆塔不符合国家标准、行业标准和铁路安全防护要求，或者未对铁路信号和通信线路、杆塔进行维护和管理；

（四）运输危险货物不依照法律法规和国家其他有关规定使用专用的设施设备。

第八十八条 在铁路线路安全保护区内烧荒、放养牲畜、种植影响铁路线路安全和行车瞭望的树木等植物，或者向铁路线路安全保护区排污、倾倒垃圾以及其他危害铁路安全的物质的，由铁路监督管理机构责令改正，对单位可以处 5 万元以下的罚款，对个人可以处 2000 元以下的罚款。

第八十九条 未经铁路运输企业同意或者未签订安全协议，在铁路线路安全保护区内建造建筑物、构筑物等设施，取土、挖砂、挖沟、采空作业或者堆放、悬挂物品，或者违反保证铁路安全的国家标准、行业标准和施工安全规范，影响铁路运输安全的，由铁路监督管理机构责令改正，可以处 10 万元以下的罚款。

铁路运输企业未派员对铁路线路安全保护区内施工现场进行安全监督的，由铁路监督管理机构责令改正，可以处 3 万元以下的罚款。

第九十条 在铁路线路安全保护区及其邻近区域建造或者设置的建筑物、构筑物、设备等进入国家规定的铁路建筑限界，或者在铁路线路两侧建造、设立生产、加工、储存或者销售易燃、易爆或者放射性物品等危险物品的场所、仓库不符合国家标准、行业标准规定的安全防护距离的，由铁路监督管理机构责令改正，对单位处 5 万元以上 20 万元以下的罚款，对个人处 1 万元以上 5 万元以下的罚款。

第九十一条 有下列行为之一的，分别由铁路沿线所在地县级以上地方人民政府水行政主管部门、国土资源主管部门或者无线电管理机构等依照有关水资源管理、矿产资源管理、无线电管理等法律、行政法规的规定处罚：

（一）未经批准在铁路线路两侧各 1000 米范围内从事露天采

矿、采石或者爆破作业；

（二）在地下水禁止开采区或者限制开采区抽取地下水；

（三）在铁路桥梁跨越处河道上下游各 1000 米范围内围垦造田、拦河筑坝、架设浮桥或者修建其他影响铁路桥梁安全的设施；

（四）在铁路桥梁跨越处河道上下游禁止采砂、淘金的范围内采砂、淘金；

（五）干扰铁路运营指挥调度无线电频率正常使用。

第九十二条 铁路运输企业、道路管理部门或者道路经营企业未履行铁路、道路两用桥检查、维护职责的，由铁路监督管理机构或者上级道路管理部门责令改正；拒不改正的，由铁路监督管理机构或者上级道路管理部门指定其他单位进行养护和维修，养护和维修费用由拒不履行义务的铁路运输企业、道路管理部门或者道路经营企业承担。

第九十三条 机动车通过下穿铁路桥梁、涵洞的道路未遵守限高、限宽规定的，由公安机关依照道路交通安全管理法律、行政法规的规定处罚。

第九十四条 违反本条例第四十八条、第四十九条关于铁路道口安全管理的规定的，由铁路监督管理机构责令改正，处 1000 元以上 5000 元以下的罚款。

第九十五条 违反本条例第五十一条、第五十二条、第五十三条、第七十七条规定的，由公安机关责令改正，对单位处 1 万元以上 5 万元以下的罚款，对个人处 500 元以上 2000 元以下的罚款。

第九十六条 铁路运输托运人托运货物、行李、包裹时匿报、谎报货物品名、性质、重量，或者装车、装箱超过规定重量的，由铁路监督管理机构责令改正，可以处 2000 元以下的罚款；情节较重的，处 2000 元以上 2 万元以下的罚款；将危险化学品谎报或者匿报为普通货物托运的，处 10 万元以上 20 万元以下的罚款。

铁路运输托运人在普通货物中夹带危险货物，或者在危险货物中夹带禁止配装的货物的，由铁路监督管理机构责令改正，处 3 万元以上 20 万元以下的罚款。

第九十七条 铁路运输托运人运输危险货物未配备必要的应急处理器材、设备、防护用品，或者未按照操作规程包装、装卸、运输危险货物的，由铁路监督管理机构责令改正，处 1 万元以上 5 万元以下的罚款。

第九十八条 铁路运输托运人运输危险货物不按照规定配备必要的押运人员，或者发生危险货物被盗、丢失、泄漏等情况不按照规定及时报告的，由公安机关责令改正，处 1 万元以上 5 万元以下的罚款。

第九十九条 旅客违法携带、夹带管制器具或者违法携带、托运烟花爆竹、枪支弹药等危险物品或者其他违禁物品的，由公安机关依法给予治安管理处罚。

第一百条 铁路运输企业有下列情形之一的，由铁路监管部门责令改正，处 2 万元以上 10 万元以下的罚款：

（一）在非危险货物办理站办理危险货物承运手续；

（二）承运未接受安全检查的货物；

（三）承运不符合安全规定、可能危害铁路运输安全的货物；

（四）未按照操作规程包装、装卸、运输危险货物。

第一百零一条 铁路监管部门及其工作人员应当严格按照本条例规定的处罚种类和幅度，根据违法行为的性质和具体情节行使行政处罚权，具体办法由国务院铁路行业监督管理部门制定。

第一百零二条 铁路运输企业工作人员窃取、泄露旅客身份信息的，由公安机关依法处罚。

第一百零三条 从事铁路建设、运输、设备制造维修的单位违反本条例规定，对直接负责的主管人员和其他直接责任人员依法给予处分。

第一百零四条 铁路监管部门及其工作人员不依照本条例规定履行职责的，对负有责任的领导人员和直接责任人员依法给予处分。

第一百零五条 违反本条例规定，给铁路运输企业或者其他单位、个人财产造成损失的，依法承担民事责任。

违反本条例规定，构成违反治安管理行为的，由公安机关依法给予治安管理处罚；构成犯罪的，依法追究刑事责任。

第八章　附　则

第一百零六条 专用铁路、铁路专用线的安全管理参照本条例的规定执行。

第一百零七条 本条例所称高速铁路，是指设计开行时速250公里以上（含预留），并且初期运营时速200公里以上的客运列车专线铁路。

第一百零八条 本条例自2014年1月1日起施行。2004年12月27日国务院公布的《铁路运输安全保护条例》同时废止。

附 录

《铁路安全管理条例》解读

（国家铁路局解读）

一、为什么要设置铁路线路安全保护区？

铁路线路安全保护区，是指为防止外来因素对铁路列车运行的干扰，减少铁路运输安全隐患，保护国家的重要基础设施，在铁路沿线两侧一定范围内对影响铁路运输安全的行为进行限制而设置的特定区域。这里所说的铁路线路，包括铁路钢轨道床、路基、边坡、侧沟及其他排水设备、防护设备等，以及铁路桥梁、隧道、场站等。

长期以来，一些单位和个人在铁路线路两侧修路、挖沟、盖房，或进行排污、烧荒、倾倒垃圾、放养牲畜等，严重影响了列车运营安全。为此，2004 年发布的《铁路运输安全保护条例》本着维护铁路运输安全和节约用地，方便沿线群众生产生活的原则，参照我国相关行业的做法和经验，设定了铁路线路安全保护区，对保障铁路安全畅通、保护铁路沿线社会公众生命和财产安全，发挥了重要作用。近十年来，高速铁路的快速发展和既有铁路的提速，对铁路沿线安全环境提出了更高要求，原条例设定的铁路线路安全保护区范围及相关管理制度已不能适应新形势发展需要。修订后的《铁路安全管理条例》对铁路线路安全保护区的相关制度作了进一步的调整完善。

二、铁路线路安全保护区的范围有多大？

铁路沿线情况错综复杂，火车经过城市市区、城市郊区、村镇居民居住区与其他地区，面对的安全状况是不同的；特别是高速铁路速度快、对安全环境要求更高。因此，本条例从实际出发，对铁路线路安全保护区的范围作了四种不同情况的规定，即"铁路线路安全保护区的范围，从铁路线路路堤坡脚、路堑坡顶或者铁路桥梁（含铁路、道路两用桥，下同）外侧起向外的距离分别为：（1）城市市区高速铁路为10米，其他铁路为8米；（2）城市郊区居民居住区高速铁路为12米，其他铁路为10米；（3）村镇居民居住区高速铁路为15米，其他铁路为12米；（4）其他地区高速铁路为20米，其他铁路为15米。"其中，路堤坡脚是指路基边坡与地面相接的部分，路堑坡顶是指路堑坡坡面与地面相接的部分。

同时，条例还考虑到在特殊路段、特殊情况下，上述距离不能满足铁路运输安全保护的需要，需要适当扩大铁路线路安全保护区范围的情况，明确规定："前款规定距离不能满足铁路运输安全保护需要的，由铁路建设单位或者铁路运输企业提出方案，铁路监督管理机构或者县级以上地方人民政府依照本条第三款规定程序划定。"

三、如何把握铁路线路安全保护区与铁路用地的关系？

铁路线路安全保护区是为了保障铁路运输安全而设的一个特定区域。在此区域内，禁止从事危及铁路运输安全的行为，但并不改变用地的权属关系。铁路用地的取得有两种方式，一种是依据《中华人民共和国土地管理法》，通过划拨方式取得的铁路建设用地，另一种是以出让等有偿使用方式取得的铁路用地。通过这两种方式取得的铁路用地，均具有产权属性。

在实际划界时，铁路线路安全保护区边界与铁路用地边界可能出现不一致的情况。铁路用地边界可能大于安全保护区边界，也可能等于或小于铁路线路安全保护区边界。无论是在铁路用地地界内还是地界外，本条例所列的禁止性规定都同样适用。

四、铁路线路安全保护区如何划定？

鉴于铁路线路安全保护区在实际划定时可能遇到的各种复杂情

况，条例对不同情况下的划定程序和权限作出了具体规定：

（一）在铁路用地能满足铁路线路安全保护要求的情况下，由铁路监督管理机构组织铁路建设单位或者铁路运输企业划定并公告。这样规定是因为在铁路征地时，地方政府已对铁路用地进行了审批，对铁路建设用地及安全保护的需要已经审核同意。在地方政府已经批准的铁路用地范围内设立铁路线路安全保护区，可以不再由地方人民政府进行审批，提高工作效率。

（二）在铁路用地范围外划定铁路线路安全保护区的，由县级以上地方人民政府组织有关铁路监督管理机构、县级以上地方人民政府国土资源等部门划定并公告。划定主体为县级以上地方人民政府，包括省、市（设区的市）、县三级地方人民政府。县级以上地方人民政府划定后，还应当依法履行公告义务，以保障公众的知情权。在铁路线路安全保护区内，本条例规定了相关管理制度，明令禁止一系列可能危害铁路线路和运输安全的行为。县级以上地方人民政府只有及时履行公告义务，使人民群众知悉铁路线路安全保护区的范围，才能保障安全保护区内相关制度和禁止性规定的切实执行。

（三）在铁路线路安全保护区的范围可能与公路建筑控制区、河道管理范围、水利工程管理和保护范围、航道保护范围或者石油、电力以及其他重要设施保护区重叠的情况下，条例规定由县级以上地方人民政府组织有关部门划定并公告，同时要求依照法律、行政法规的规定进行协商。这里的有关部门，包括但不限于铁路监督管理机构、交通运输部门、河道管理部门、水利管理部门、航道管理部门、石油电力以及其他相关企业等。有关部门依照法律、行政法规的规定进行协商、达成一致意见后，最终划定并公告的主体仍为县级以上地方人民政府。

五、哪些铁路应当实行全封闭管理？

《铁路安全管理条例》第二十八条规定："设计开行时速120公里以上列车的铁路应当实行全封闭管理。"

在铁路既有线提速之前，行人穿越铁路造成的人身伤亡事故较少，主要是因为列车速度较低（一般均低于时速 100 公里），多数情况下行人发现来车紧急撤离铁道，具有一定的可能性。随着列车运行速度的提高，行人穿越铁路，发现来车往往来不及撤离铁道，发生伤亡事故的概率相应增加。为保障广大人民群众人身安全，条例总结实践经验，新增加了"设计开行时速 120 公里以上列车的铁路应当实行全封闭管理"的规定。

六、为什么禁止在铁路线路安全保护区内烧荒、放养牲畜、种植影响铁路线路安全和行车瞭望的树木等植物？

《铁路安全管理条例》第二十九条第一款规定："禁止在铁路线路安全保护区内烧荒、放养牲畜、种植影响铁路线路安全和行车瞭望的树木等植物。"

禁止在铁路线路安全保护区内烧荒，首先是因为线路两侧烧荒容易引发火灾，直接威胁铁路行车安全；其次，烧荒产生的高温容易破坏埋设在线路两侧或者在线路上空的铁路通信、信号线路的保护设备，直接导致线路短路，影响铁路调度指挥系统；再次，烧荒引起的烟雾还会直接影响机车驾驶人员瞭望。

禁止在铁路线路安全保护区内放养牲畜，主要是由于列车运行速度较快，制动距离和制动时间都比较长，一旦发现紧急情况，列车在短时间、短距离内难以停车。铁路沿线居民放养的牲畜窜上线路与火车相撞，轻则财产受损，重则可能导致列车颠覆。因此，规定禁止在铁路线路安全保护区内放养牲畜，是为保障公众生命财产安全所必须采取的措施。

禁止在铁路线路安全保护区内种植影响铁路线路安全和行车瞭望的树木等植物，主要是考虑到铁路线路两侧的防护林木和护坡草坪是为了保证线路的稳定，防止雨水冲刷和风沙等灾害而特意栽培的。如果树木过于高大会影响司机瞭望，司机难以及时看清前方一定距离内的信号显示，或有异常情况时不能及时发现和处理，就可能造成行车事故。条例对此类行为作出禁止性规定，加大了对铁路行车安全的保护力度。

七、在铁路线路安全保护区内排污、倾倒垃圾以及其他有害物质，会产生哪些危害？条例对此作了怎样的规定？

《铁路安全管理条例》第二十九条第二款规定："禁止向铁路线路安全保护区排污、倾倒垃圾以及其他危害铁路安全的物质。"

向铁路线路安全保护区内排污、倾倒垃圾以及其他危害铁路安全的物质，不仅破坏铁路沿线的环境卫生，而且容易腐蚀铁路钢轨道床、信号通信设施，造成路基病害和桥梁淤堵，成为干扰铁路行车的因素之一，必须对这些行为予以禁止。这里所称"排污"，既包括固体废弃物，也包括液体废弃物；所称"倾倒垃圾及其他危害铁路安全的物质"，既包括铁路沿线生产、生活产生的垃圾及其他危害铁路安全的物质，也包括从列车上向外倾倒垃圾。

八、为什么在铁路线路安全保护区内要对建造建筑物、构筑物等设施，取土、挖砂、挖沟、采空作业以及堆放、悬挂物品等活动进行限制？

《铁路安全管理条例》第三十条规定："在铁路线路安全保护区内建造建筑物、构筑物等设施，取土、挖砂、挖沟、采空作业或者堆放、悬挂物品，应当征得铁路运输企业同意并签订安全协议，遵守保证铁路安全的国家标准、行业标准和施工安全规范，采取措施防止影响铁路运输安全。铁路运输企业应当派员对施工现场实行安全监督。"

条例之所以对铁路线路安全保护区内的这些生产活动进行限制，主要是出于以下考虑：

（一）建筑物、构筑物的建造过程本身即会对行车产生一定的干扰，影响运输安全与通畅；打桩或深挖基础等难免对线路产生影响；建筑物、构筑物的突出部分可能会造成行车障碍；高大的建筑物、构筑物还容易遮挡机车驾驶人员视线，不利于行车瞭望。

（二）随意在铁路线路两侧取土、挖砂、挖沟或采空作业，直接影响铁路线路的稳固，带来安全隐患。安全行车必须有稳固的线路，尤其是高速铁路的发展，对线路安全提出了更高的要求。一旦线路遭到破坏，轻者导致中断行车，重者导致车毁人亡。

（三）在铁路线路安全保护区内堆放、悬挂物品，如堆放粮食、稻草、砂石等物品，将直接形成列车运行的障碍；在铁路线路两侧晾晒衣物或悬挂其他物品，特别是彩色的物品，容易导致机车驾驶人员信号判断的错误或者影响瞭望。

在铁路线路安全保护区确需从事上述生产活动，根据条例的规定，必须经铁路运输企业同意，施工前应当与铁路运输企业签订安全协议。之所以这样规定，主要是为了落实铁路运输企业的安全生产主体责任，便于其采取有效的防护措施。因此，条例还规定了铁路运输企业应当派员对施工现场实行安全监督。同时，条例还对相关施工作业方保障施工安全和铁路运输安全的义务作出了规定。

九、铁路线路安全保护区内的既有建筑物、构筑物应当如何处理？

《铁路安全管理条例》第三十一条规定："铁路线路安全保护区内既有的建筑物、构筑物危及铁路运输安全的，应当采取必要的安全防护措施；采取安全防护措施后仍不能保证安全的，依照有关法律的规定拆除。

拆除铁路线路安全保护区内的建筑物、构筑物，清理铁路线路安全保护区内的植物，或者对他人在铁路线路安全保护区内已依法取得的采矿权等合法权利予以限制，给他人造成损失的，应当依法给予补偿或者采取必要的补救措施。但是，拆除非法建设的建筑物、构筑物的除外。"

由于历史的原因，铁路线路两侧存在着一定数量的合法或者非法的建筑物、构筑物，有些处于铁路线路安全保护区的范围内，或多或少会影响铁路运输安全。条例对铁路线路安全保护区内已有的建筑物、构筑物处置，视不同情况作了不同的规定，即：既有建筑物、构筑物危及铁路运输安全的，应采取必要的安全防护措施。采取安全防护措施，可以是所有权人或者实际控制人自觉的行为，也可以是铁路监管部门或者地方人民政府敦促的结果。对采取安全防护措施后仍不能满足安全要求的建筑物、构筑物，应依照《行政强制法》等有关法律的规定拆除。

同时，条例对于拆除铁路线路安全保护区内的建筑物、构筑物，清理铁路线路安全保护区内的植物，或者对他人在铁路线路安全保护区内已依法取得的采矿权等合法权利进行限制的行为，规定"采取必要的补救措施"或者"依法给予补偿"。这里所说的补救，主要是采取措施对相关利益主体所受损失的弥补或挽救，如对铁路线路安全保护区内的植物清理后移植培育；对简易建筑物、构筑物拆除后异地复原。这里所说的补偿，主要是对相关利益主体所受损失的货币化或其他形式的弥补。为保障铁路运输安全而拆除沿线既有的合法建筑物、构筑物等行为，会对所有者或使用者的利益造成一定损害，因此本条明确规定了补偿原则。需要指出的是，在铁路线路安全保护区内拆除非法建筑物、构筑物，其所有者违法在先，本身不受法律保护，不应给予补偿。对此，本条也作了排除性规定。

十、什么是铁路建筑限界？

铁路建筑限界，是指一个和铁路线路中心线垂直的极限横断面轮廓。在此轮廓内，除机车车辆和与机车车辆有直接相互作用的设备（车辆减速器、路签授受器、接触电线及其他）外，其他设备或建筑物、构筑物均不得侵入。铁路建筑限界是根据机车车辆运动的最大轮廓尺寸并考虑一定的安全余量而制定的。限界尺寸一经规定不得随意缩小。缩小限界或者其他物体进入限界都可能危及列车运行安全，导致行车事故的发生。

十一、条例对铁路线路附近建筑物、构筑物、设备等物体与铁路建筑限界的关系，作了怎样的规定？

《铁路安全管理条例》明确规定："在铁路线路安全保护区及其邻近区域建造或者设置的建筑物、构筑物、设备等，不得进入国家规定的铁路建筑限界。"

　　对铁路建筑限界的管理，是铁路运输安全管理的重要组成部分。过去曾因进入建筑限界发生过行车事故。对这种直接危害铁路运输安全的行为，应当予以制止，否则有可能造成车毁人亡的行车事故。因此，条例对进入国家规定的铁路建筑限界的行为作出了明确的禁止性规定，并且以列举的形式指出了铁路线路及其邻近的建筑物、构筑物、设备禁止进入。需要指出的是，对于与机车车辆有直接互相作用的设备，如车辆减速器、路签授受器、接触电线以及其他保障铁路正常运行的设施设备，应当排除在本条规定之外。

铁路危险货物运输安全监督管理规定

中华人民共和国交通运输部令
2015 年第 1 号

《铁路危险货物运输安全监督管理规定》已于 2015 年 2 月 27 日经第 2 次部务会议通过，现予公布，自 2015 年 5 月 1 日起施行。

交通运输部部长
2015 年 3 月 12 日

第一章 总 则

第一条 为加强铁路危险货物运输安全管理，保障公众生命财产安全，保护环境，根据《安全生产法》《铁路法》《铁路安全管理条例》《危险化学品安全管理条例》等有关法律、行政法规，制定本规定。

第二条 本规定所称危险货物，是指具有爆炸、易燃、毒害、感染、腐蚀、放射性等危险特性，在铁路运输过程中，容易造成人身伤亡、财产毁损或者环境污染而需要特别防护的物质和物品。

第三条 铁路运输企业应当依据有关法律、行政法规和标准以及国务院铁路行业监督管理部门制订公布的铁路危险货物品名等规定，落实运输条件，加强运输管理，确保运输安全。

第四条 禁止运输法律、行政法规禁止生产和运输的危险物品、危险性质不明以及未采取安全措施的过度敏感或者能自发反应而产生危险的物品。高速铁路、城际铁路等客运专线及旅客列车禁止运输危险货物，法律、行政法规另有规定的除外。

第五条 铁路危险货物运输安全管理坚持安全第一、预防为主、综合治理的方针，强化和落实铁路运输企业、专用铁路、铁路专用线等危险货物运输相关单位（以下统称运输单位）的主体责任。

第六条 国家铁路局及地区铁路监督管理局（统称铁路监管部门）负责铁路危险货物运输安全监督管理工作。

第七条 国家鼓励采用有利于提高安全保障水平的先进技术和管理方法，鼓励规模化、集约化、专业化和发展专用车辆、专用集装箱运输危险货物。支持开展铁路危险货物运输安全技术以及对安全、环保有重大影响的项目研究。

第二章　运输条件

第八条 运输危险货物应当在符合法律、行政法规和标准规定，具备相应品名办理条件的车站、专用铁路、铁路专用线间发到。

铁路运输企业应当将办理危险货物的车站名称、作业地点（货场、专用铁路、铁路专用线名称）、办理品名及编号、装运方式等信息及时向社会公布。发生变化的，应当重新公布。

第九条 运输危险货物应当依照法律、行政法规和国家其他有关规定使用专用的设施设备。依法应当进行产品认证、检验检测的，经认证、检验检测合格方可使用。

第十条 危险货物装卸、储存场所和设施应当符合下列要求：

（一）装卸、储存专用场地和安全设施设备封闭管理并设立明显的安全警示标志。设施设备布局、作业区域划分、安全防护距离等符合规定；

（二）设置有与办理货物危险特性相适应，并经相关部门验收合格的仓库、雨棚、场地等设施，配置相应的计量、检测、监控、通信、报警、通风、防火、灭火、防爆、防雷、防静电、防腐蚀、防泄漏、防中毒等安全设施设备，并进行经常性维护、保养，保证设施设备的正常使用；

（三）装卸设备符合安全要求，易燃、易爆的危险货物装卸设备应当采取防爆措施，罐车装运危险货物应当使用栈桥、鹤管等专用装卸设施，危险货物集装箱装卸作业应当使用集装箱专用装卸机械；

（四）法律、行政法规、标准和安全技术规范规定的其他条件。

第十一条　运输单位应当按照国家有关规定，对本单位危险货物装卸、储存作业场所和设施等安全生产条件进行安全评价。

法律、行政法规规定需要委托相关机构进行安全评价的，运输单位应当委托具备国家规定资质条件且业务范围涵盖铁路运输、危险化学品等相关领域的机构进行。

新建、改建危险货物装卸、储存作业场所和设施，在既有作业场所增加办理危险货物品类，以及危险货物新品名、新包装和首次使用铁路罐车、集装箱、专用车辆装载危险货物的，应当进行安全评价。

第十二条　装载和运输危险货物的铁路车辆、集装箱和其他容器应当符合下列条件：

（一）制造、维修、检测、检验和使用、管理符合标准和有关规定；

（二）牢固、清晰地标明危险货物包装标志和警示标志；

（三）铁路罐车、罐式集装箱以及其他容器应当封口严密，安全附件设置准确、起闭灵活、状态完好，能够防止运输过程中因温度、湿度或者压力的变化发生渗漏、洒漏；

（四）压力容器应当符合国家特种设备安全监督管理部门制订并公布的《移动式压力容器安全技术监察规程》《气瓶安全技术监察规程》等有关安全技术规范要求，并在经核准的检验机构出具的压力容器安全检验合格有效期内；

（五）法律、行政法规、安全技术规范和标准规定的其他条件。

第十三条　运输危险货物包装应当符合下列要求：

（一）包装物、容器、衬垫物的材质以及包装型式、规格、方法和单件质量（重量），应当与所包装的危险货物的性质和用途相适应；

（二）包装能够抗御运输、储存和装卸过程中正常的冲击、振动、堆码和挤压，并便于装卸和搬运；

（三）包装外表面应当牢固、清晰地标明危险货物包装标志和包装储运图示标志；

（四）法律、行政法规、安全技术规范和标准规定的其他条件。

第三章　运输安全管理

第十四条　托运危险货物的，托运人应当向铁路运输企业如实说明所托运危险货物的品名、数量（重量）、危险特性以及发生危险情况时的应急处置措施等。对国家规定实行许可管理、需凭证运输或者采取特殊措施的危险货物，托运人或者收货人应当向铁路运输企业如实提交相关证明。不得将危险货物匿报或者谎报品名进行托运；不得在托运的普通货物中夹带危险货物，或者在危险货物中夹带禁止配装的货物。

第十五条　铁路运输企业应当对承运的货物进行安全检查。不得在非危险货物办理站办理危险货物承运手续，不得承运未接受安全检查的货物，不得承运不符合安全规定、可能危害铁路运输安全的货物。

下列情形，铁路运输企业应当查验托运人、收货人提供的相关证明材料并留存备查：

（一）国家对生产、经营、储存、使用等实行许可管理的危险货物；

（二）国家规定需要凭证运输的危险货物；

（三）需要添加抑制剂、稳定剂和采取其他特殊措施方可运输的危险货物；

（四）运输包装、容器列入国家生产许可证制度工业产品目录的危险货物；

（五）法律、行政法规及国家规定的其他情形。

第十六条 运输单位应当如实记录运输的危险货物品名及编号、装载数量（重量）、发到站、作业地点、装运方式、车（箱）号、托运人、收货人、押运人等信息，并采取必要的安全防范措施，防止丢失或者被盗；发现爆炸品、易制爆危险化学品、剧毒品丢失或者被盗、被抢的，应当立即向当地公安机关报告。

第十七条 运输放射性物质时，托运人应当持有生产、销售、使用或者处置放射性物质的有效证明，配置防护设备和报警装置。运输的放射性物质及其运输容器、运输车辆、辐射监测、安全保卫、应急预案及演练、装卸作业、押运、职业卫生、人员培训、安全审查等应当符合《放射性物品运输安全管理条例》《放射性物质安全运输规程》等法律、行政法规和标准的要求。运输单位应当按照国家有关规定对放射性物质运输进行现场检测。

第十八条 危险货物的储存方式、方法以及储存数量、隔离等应当符合规定。仓库、雨棚、储罐等专用设施，应当由专人负责管理。剧毒品以及储存数量构成重大危险源的其他危险货物，应当单独存放，并实行双人收发、双人保管制度。

第十九条 危险货物运输装载加固以及使用的铁路车辆、集装箱、其他容器、集装化用具、装载加固材料或者装置等应当符合国家标准、行业标准、技术规范和安全要求。不得使用技术状态不良、未按规定检修（验）或者达到报废年限的设施设备，禁止超设计范围装运危险货物。

货物装车（箱）不得超载、偏载、偏重、集重。货物性质相抵触、消防方法不同、易造成污染的货物不得同车（箱）装载。禁止危险货物与普通货物混装运输。

第二十条 危险货物装卸作业应当遵守安全作业标准、规程和制度，并在装卸管理人员的现场指挥或者监控下进行。

第二十一条 运输危险货物时，托运人应当配备必要的押运人员和应急处理器材、设备和防护用品，并使危险货物始终处于押运人员监管之下。

铁路运输企业应当告知押运注意事项，检查押运人员、备品、设施及押运工作情况，并为押运人员提供必要的工作、生活条件。

押运人员应当遵守铁路运输安全规定，检查押运的货物及其装载加固状态，按操作规程使用押运备品和设施。

第二十二条 运输单位间应当按照约定的交接地点、方式、内容、条件和安全责任等办理危险货物交接。

第二十三条 危险货物车辆编组、调车等技术作业应当执行相关技术标准和管理办法。

运输危险货物的车辆途中停留时，应当远离客运列车及停留期间有乘降作业的客运站台等人员密集场所和设施，并采取安全防范措施。装运剧毒品、爆炸品、放射性物质和气体等危险货物的车辆途中停留时，铁路运输企业应当派人看守。

第二十四条 装运过危险货物的车辆、集装箱，卸后应当清扫洗刷干净，确保不会对其他货物和作业人员造成污染、损害。洗刷废水、废物处理应当符合环保要求。

第二十五条 运输单位应当按照国家劳动安全职业卫生有关规定配备符合国家防护标准要求的劳动保护用品和职业防护等设施设备，开展从业人员职业健康体检，建立从业人员职业健康监护档案，预防人身伤害。

第二十六条 运输单位应当建立健全危险货物运输安全管理、岗位安全责任、教育培训、安全检查和隐患排查治理、安全投入保障、劳动保护、应急管理等制度，完善危险货物包装、装卸、押运、运输等操作规程和标准化作业管理办法。

第二十七条 运输单位应当对本单位危险货物运输从业人员进行安全、环保、法制教育和岗位技术经常性培训，经考核合格后方可上岗。

从业人员应当掌握所运输危险货物的危险特性及其运输工具、包装物、容器的使用要求和出现危险情况时的应急处置方法。

第二十八条 运输单位在法定假日和传统节日等运输高峰期或者恶劣气象条件下，以及国家重大活动期间，应当采取安全应急管理措施，加强铁路危险货物运输安全检查，确保运输安全。必要时可采取停运、限运、绕行等措施。

第二十九条 运输单位、托运人应当制定本单位铁路危险货物运输事故应急预案，配备应急救援人员和必要的应急救援器材、设备、设施，并定期组织应急救援演练。

第三十条 危险货物运输过程中发生燃烧、爆炸、环境污染、中毒或者被盗、丢失、泄漏等情况，押运人员和现场有关人员应当立即按规定报告，并按照应急预案开展先期处置。运输相关单位负责人接到报告后，应当迅速采取有效措施，组织抢救，防止事态扩大，减少人员伤亡和财产损失，并报告当地安全生产监督管理、环境保护、公安、卫生主管部门以及铁路监督管理局，不得隐瞒不报、谎报或者迟报，不得故意破坏事故现场、毁灭有关证据。

第三十一条 铁路运输企业应当实时掌握本单位危险货物运输状况，并按要求向所在地铁路监督管理局报告危险货物运量统计、办理站点、设施设备、安全等信息。

第四章 监督检查

第三十二条 铁路监管部门依法对运输单位执行有关危险货物运输安全的法律、行政法规、规章和标准的情况进行监督检查，重点监督检查下列内容：

（一）危险货物运输安全责任制、规章制度和操作规程的建立、完善情况；

（二）危险货物运输从业人员安全、环保培训及考核情况；

（三）保证本单位危险货物运输安全生产投入情况；

（四）危险货物运输安全隐患排查治理情况；

（五）危险货物运输设施设备配置、使用、管理及检测、鉴定和安全评价情况；

（六）危险货物办理站信息公布情况；

（七）承运危险货物安全检查情况；

（八）危险货物运输作业环节安全管理情况；

（九）重大危险源安全管理措施落实情况；

（十）危险货物运输事故应急预案制定、应急救援设备和器材配置、应急救援演练等情况；

（十一）危险货物运输事故报告情况；

（十二）依法应当监督检查的其他情况。

第三十三条 铁路监管部门进行监督检查时，可以依法采取下列措施：

（一）进入铁路危险货物运输作业场所检查，调阅有关资料，向有关单位和人员了解情况；

（二）纠正或者要求限期改正危险货物运输安全违法行为；对依法应当给予行政处罚的行为，依照法律、行政法规的规定作出行政处罚决定；

（三）责令立即排除危险货物运输事故隐患；重大隐患排除前或者排除过程中无法保证安全的，应当责令撤出危险区域内的作业人员，责令暂时停运或者停止使用相关设施、设备；

（四）责令立即停止使用不符合规定的设施、设备、装置、器材、运输工具等；

（五）依法查封或者扣押有根据认为不符合保障安全生产的国家标准或者行业标准的设施、设备、器材，并作出处理决定；

（六）法律、行政法规规定的其他措施。

第三十四条 铁路监管部门行政执法人员应当忠于职守、秉公执法，遵守执法规范；对监督检查过程中知悉的商业秘密负有保密责任。行政执法人员依法履行监督检查职责时，应当出示有效执法证件。

被监督检查单位和个人对铁路监管部门依法进行的监督检查应当予以配合，如实提供有关情况或者资料，不得拒绝、阻挠。

第三十五条 铁路监管部门应当建立健全危险货物运输安全监督检查制度，加强行政执法人员危险货物运输安全知识培训，配备必要的安全检查装备，应用信息化手段和先进技术，不断提高监管水平。

铁路监管部门监督检查时，可聘请熟悉铁路危险货物运输、化学化工、安全技术管理、应急救援等的专家和专业人员提供技术支撑，可依法委托安全技术机构对危险货物运输安全实施监督检查。

第三十六条 任何单位和个人均有权向铁路监管部门举报危险货物运输违法违规行为。

铁路监管部门接到举报，应当及时依法处理；对不属于本部门职责的，应当及时移送有关部门处理。

第三十七条 违反法律、行政法规规定运输危险货物的，按照《违反〈铁路安全管理条例〉行政处罚实施办法》及有关法律、行政法规的规定实施处罚；依法应当由其他部门实施处罚的，应当通报有关部门依法处理。

违反法律、行政法规规定运输危险货物，造成铁路交通事故或者其他事故的，依法追究相关单位及其主要负责人、工作人员的行政责任；涉嫌犯罪的，依法移送司法机关处理。

第三十八条 铁路监管部门应当建立危险货物运输违法行为信息库，如实记录运输单位的违法行为信息。对无正当理由拒绝接受监督检查、故意隐瞒事实或者提供虚假材料以及受到行政处罚等违法情节严重的企业予以公告。

第五章 附 则

第三十九条 军事运输危险货物依照国家有关规定办理。
第四十条 本规定自 2015 年 5 月 1 日起施行。

铁路旅客运输安全检查管理办法

中华人民共和国交通运输部令
2014 年第 21 号

《铁路旅客运输安全检查管理办法》已于 2014 年 11 月 15 日经第 12 次部务会议通过，现予公布，自 2015 年 1 月 1 日起施行。

交通运输部部长
2014 年 12 月 8 日

第一条 为了保障铁路运输安全和旅客生命财产安全，加强和规范铁路旅客运输安全检查工作，根据《中华人民共和国铁路法》、《铁路安全管理条例》等法律、行政法规和国家有关规定，制定本办法。

第二条 本办法所称铁路旅客运输安全检查是指铁路运输企业在车站、列车对旅客及其随身携带、托运的行李物品进行危险物品检查的活动。

前款所称危险物品是指易燃易爆物品、危险化学品、放射性物品和传染病病原体及枪支弹药、管制器具等可能危及生命财产安全的器械、物品。禁止或者限制携带物品的种类及其数量由国家铁路局会同公安部规定并发布。

第三条 铁路运输企业应当在车站和列车等服务场所内，通过多种方式公告禁止或者限制携带物品种类及其数量。

第四条 铁路运输企业是铁路旅客运输安全检查的责任主体，应当按照法律、行政法规、规章和国家铁路局有关规定，组织实施铁路旅客运输安全检查工作，制定安全检查管理制度，完善作业程序，落实作业标准，保障旅客运输安全。

第五条 铁路运输企业应当在铁路旅客车站和列车配备满足铁路运输安全检查需要的设备，并根据车站和列车的不同情况，制定并落实安全检查设备的配备标准，使用符合国家标准、行业标准和安全、环保等要求的安全检查设备，并加强设备维护检修，保障其性能稳定，运行安全。

第六条 铁路运输企业应当在铁路旅客车站和列车配备满足铁路运输安全检查需要的人员，并加强识别和处置危险物品等相关专业知识培训。从事安全检查的人员应当统一着装，佩戴安全检查标志，依法履行安全检查职责，爱惜被检查的物品。

第七条 旅客应当接受并配合铁路运输企业的安全检查工作。拒绝配合的，铁路运输企业应当拒绝其进站乘车和托运行李物品。

第八条 铁路运输企业可以采取多种方式检查旅客及其随身携带或者托运的物品。

对旅客进行人身检查时，应当依法保障旅客人身权利不受侵害；对女性旅客进行人身检查，应当由女性安全检查人员进行。

第九条 安全检查人员发现可疑物品时可以当场开包检查。开包检查时，旅客应当在场。

安全检查人员认为不适合当场开包检查或者旅客申明不宜公开检查的，可以根据实际情况，移至适当场合检查。

第十条 铁路运输企业应当采取有效措施，加强旅客车站安全管理，为安全检查提供必要的场地和作业条件，提供专门处置危险物品的场所。

第十一条 铁路运输企业应当制定并实施应对客流高峰、恶劣气象及设备故障等突发情况下的安全检查应急措施，保证安全检查通道畅通。

第十二条 铁路运输企业在旅客进站或托运人托运前查出的危险物品，或旅客携带禁止携带物品、超过规定数量的限制携带物品的，可由旅客或托运人选择交送行人员带回或自弃交车站处理。

第十三条　对怀疑为危险物品，但受客观条件限制又无法认定其性质的，旅客或托运人又不能提供该物品性质和可以经旅客列车运输的证明时，铁路运输企业有权拒绝其进站乘车或托运。

第十四条　安全检查中发现携带枪支弹药、管制器具、爆炸物品等危险物品，或者旅客声称本人随身携带枪支弹药、管制器具、爆炸物品等危险物品的，铁路运输企业应当交由公安机关处理，并采取必要的先期处置措施。

第十五条　列车上发现的危险物品应当妥善处置，并移交前方停车站。鞭炮、发令纸、摔炮、拉炮等易爆物品应当立即浸湿处理。

第十六条　铁路运输企业在安全检查过程中，对扰乱安全检查工作秩序、妨碍安全检查人员正常工作的，应当予以制止；不听劝阻的，交由公安机关处理。

第十七条　公安机关应当按照职责分工，维护车站、列车等铁路场所和铁路沿线的治安秩序。

旅客违法携带、夹带管制器具或者违法携带、托运烟花爆竹、枪支弹药等危险物品或者其他违禁物品的，由公安机关依法给予治安管理处罚；构成犯罪的，依法追究刑事责任。

第十八条　铁路监管部门应当对铁路运输企业落实旅客运输安全检查管理制度情况加强监督检查，依法查处违法违规行为。

第十九条　铁路运输企业及其工作人员违反有关安全检查管理规定的，铁路监管部门应当责令改正。

第二十条　铁路监管部门的工作人员对旅客运输安全检查情况实施监督检查、处理投诉举报时，应当恪尽职守，廉洁自律，秉公执法。对失职、渎职、滥用职权、玩忽职守的，依法给予行政处分；构成犯罪的，依法追究刑事责任。

第二十一条　随旅客列车运输的包裹的安全检查，参照本办法执行。

第二十二条　本办法自 2015 年 1 月 1 日起施行。

中华人民共和国公路法

中华人民共和国主席令

第十八号

《全国人民代表大会常务委员会关于修改部分法律的决定》已由中华人民共和国第十一届全国人民代表大会常务委员会第十次会议于 2009 年 8 月 27 日通过，现予公布，自公布之日起施行。

中华人民共和国主席　胡锦涛

2009 年 8 月 27 日

(1997 年 7 月 3 日中华人民共和国主席令第 86 号公布；根据 1999 年 10 月 31 日第九届全国人民代表大会常务委员会第十二次会议《关于修改〈中华人民共和国公路法〉的决定》第一次修正；根据 2004 年 8 月 28 日第十届全国人民代表大会常务委员会第十一次会议《关于修改〈中华人民共和国公路法〉的决定》第二次修正；根据 2009 年 8 月 27 日《全国人民代表大会常务委员会关于修改部分法律的决定》第三次修正)

第一章 总 则

第一条 为了加强公路的建设和管理，促进公路事业的发展，适应社会主义现代化建设和人民生活的需要，制定本法。

第二条 在中华人民共和国境内从事公路的规划、建设、养护、经营、使用和管理，适用本法。

本法所称公路，包括公路桥梁、公路隧道和公路渡口。

第三条 公路的发展应当遵循全面规划、合理布局、确保质量、保障畅通、保护环境、建设改造与养护并重的原则。

第四条 各级人民政府应当采取有力措施，扶持、促进公路建设。公路建设应当纳入国民经济和社会发展计划。国家鼓励、引导国内外经济组织依法投资建设、经营公路。

第五条 国家帮助和扶持少数民族地区、边远地区和贫困地区发展公路建设。

第六条 公路按其在公路路网中的地位分为国道、省道、县道和乡道，并按技术等级分为高速公路、一级公路、二级公路、三级公路和四级公路。具体划分标准由国务院交通主管部门规定。

新建公路应当符合技术等级的要求。原有不符合最低技术等级要求的等外公路，应当采取措施，逐步改造为符合技术等级要求的公路。

第七条 公路受国家保护，任何单位和个人不得破坏、损坏或者非法占用公路、公路用地及公路附属设施。

任何单位和个人都有爱护公路、公路用地及公路附属设施的义务，有权检举和控告破坏、损坏公路、公路用地、公路附属设施和影响公路安全的行为。

第八条 国务院交通主管部门主管全国公路工作。

县级以上地方人民政府交通主管部门主管本行政区域内的公路工作；但是，县级以上地方人民政府交通主管部门对国道、省道的管理、监督职责，由省、自治区、直辖市人民政府确定。

乡、民族乡、镇人民政府负责本行政区域内的乡道的建设和养护工作。

县级以上地方人民政府交通主管部门可以决定由公路管理机构依照本法规定行使公路行政管理职责。

第九条 禁止任何单位和个人在公路上非法设卡、收费、罚款和拦截车辆。

第十条 国家鼓励公路工作方面的科学技术研究，对在公路科学技术研究和应用方面作出显著成绩的单位和个人给予奖励。

第十一条 本法对专用公路有规定的，适用于专用公路。

专用公路是指由企业或者其他单位建设、养护、管理，专为或者主要为本企业或者本单位提供运输服务的道路。

第二章　公路规划

第十二条 公路规划应当根据国民经济和社会发展以及国防建设的需要编制，与城市建设发展规划和其他方式的交通运输发展规划相协调。

第十三条 公路建设用地规划应当符合土地利用总体规划，当年建设用地应当纳入年度建设用地计划。

第十四条 国道规划由国务院交通主管部门会同国务院有关部门并商国道沿线省、自治区、直辖市人民政府编制，报国务院批准。

省道规划由省、自治区、直辖市人民政府交通主管部门会同同级有关部门并商省道沿线下一级人民政府编制，报省、自治区、直辖市人民政府批准，并报国务院交通主管部门备案。

县道规划由县级人民政府交通主管部门会同同级有关部门编制，经本级人民政府审定后，报上一级人民政府批准。

乡道规划由县级人民政府交通主管部门协助乡、民族乡、镇人民政府编制，报县级人民政府批准。

依照第三款、第四款规定批准的县道、乡道规划，应当报批准机关的上一级人民政府交通主管部门备案。

省道规划应当与国道规划相协调。县道规划应当与省道规划相协调。乡道规划应当与县道规划相协调。

第十五条 专用公路规划由专用公路的主管单位编制，经其上级主管部门审定后，报县级以上人民政府交通主管部门审核。

专用公路规划应当与公路规划相协调。县级以上人民政府交通主管部门发现专用公路规划与国道、省道、县道、乡道规划有不协调的地方，应当提出修改意见，专用公路主管部门和单位应当作出相应的修改。

第十六条 国道规划的局部调整由原编制机关决定。国道规划需要作重大修改的，由原编制机关提出修改方案，报国务院批准。

经批准的省道、县道、乡道公路规划需要修改的，由原编制机关提出修改方案，报原批准机关批准。

第十七条 国道的命名和编号，由国务院交通主管部门确定；省道、县道、乡道的命名和编号，由省、自治区、直辖市人民政府交通主管部门按照国务院交通主管部门的有关规定确定。

第十八条 规划和新建村镇、开发区，应当与公路保持规定的距离并避免在公路两侧对应进行，防止造成公路街道化，影响公路的运行安全与畅通。

第十九条 国家鼓励专用公路用于社会公共运输。专用公路主要用于社会公共运输时，由专用公路的主管单位申请，或者由有关方面申请，专用公路的主管单位同意，并经省、自治区、直辖市人民政府交通主管部门批准，可以改划为省道、县道或者乡道。

第三章 公路建设

第二十条 县级以上人民政府交通主管部门应当依据职责维护

公路建设秩序，加强对公路建设的监督管理。

第二十一条 筹集公路建设资金，除各级人民政府的财政拨款，包括依法征税筹集的公路建设专项资金转为的财政拨款外，可以依法向国内外金融机构或者外国政府贷款。

国家鼓励国内外经济组织对公路建设进行投资。开发、经营公路的公司可以依照法律、行政法规的规定发行股票、公司债券筹集资金。

依照本法规定出让公路收费权的收入必须用于公路建设。

向企业和个人集资建设公路，必须根据需要与可能，坚持自愿原则，不得强行摊派，并符合国务院的有关规定。

公路建设资金还可以采取符合法律或者国务院规定的其他方式筹集。

第二十二条 公路建设应当按照国家规定的基本建设程序和有关规定进行。

第二十三条 公路建设项目应当按照国家有关规定实行法人负责制度、招标投标制度和工程监理制度。

第二十四条 公路建设单位应当根据公路建设工程的特点和技术要求，选择具有相应资格的勘查设计单位、施工单位和工程监理单位，并依照有关法律、法规、规章的规定和公路工程技术标准的要求，分别签订合同，明确双方的权利义务。

承担公路建设项目的可行性研究单位、勘查设计单位、施工单位和工程监理单位，必须持有国家规定的资质证书。

第二十五条 公路建设项目的施工，须按国务院交通主管部门的规定报请县级以上地方人民政府交通主管部门批准。

第二十六条 公路建设必须符合公路工程技术标准。

承担公路建设项目的设计单位、施工单位和工程监理单位，应当按照国家有关规定建立健全质量保证体系，落实岗位责任制，并依照有关法律、法规、规章以及公路工程技术标准的要求和合同约定进行设计、施工和监理，保证公路工程质量。

第二十七条　公路建设使用土地依照有关法律、行政法规的规定办理。

公路建设应当贯彻切实保护耕地、节约用地的原则。

第二十八条　公路建设需要使用国有荒山、荒地或者需要在国有荒山、荒地、河滩、滩涂上挖砂、采石、取土的，依照有关法律、行政法规的规定办理后，任何单位和个人不得阻挠或者非法收取费用。

第二十九条　地方各级人民政府对公路建设依法使用土地和搬迁居民，应当给予支持和协助。

第三十条　公路建设项目的设计和施工，应当符合依法保护环境、保护文物古迹和防止水土流失的要求。

公路规划中贯彻国防要求的公路建设项目，应当严格按照规划进行建设，以保证国防交通的需要。

第三十一条　因建设公路影响铁路、水利、电力、邮电设施和其他设施正常使用时，公路建设单位应当事先征得有关部门的同意；因公路建设对有关设施造成损坏的，公路建设单位应当按照不低于该设施原有的技术标准予以修复，或者给予相应的经济补偿。

第三十二条　改建公路时，施工单位应当在施工路段两端设置明显的施工标志、安全标志。需要车辆绕行的，应当在绕行路口设置标志；不能绕行的，必须修建临时道路，保证车辆和行人通行。

第三十三条　公路建设项目和公路修复项目竣工后，应当按照国家有关规定进行验收；未经验收或者验收不合格的，不得交付使用。

建成的公路，应当按照国务院交通主管部门的规定设置明显的标志、标线。

第三十四条　县级以上地方人民政府应当确定公路两侧边沟（截水沟、坡脚护坡道，下同）外缘起不少于一米的公路用地。

第四章　公路养护

第三十五条　公路管理机构应当按照国务院交通主管部门规定的技术规范和操作规程对公路进行养护，保证公路经常处于良好的技术状态。

第三十六条　国家采用依法征税的办法筹集公路养护资金，具体实施办法和步骤由国务院规定。

依法征税筹集的公路养护资金，必须专项用于公路的养护和改建。

第三十七条　县、乡级人民政府对公路养护需要的挖砂、采石、取土以及取水，应当给予支持和协助。

第三十八条　县、乡级人民政府应当在农村义务工的范围内，按照国家有关规定组织公路两侧的农村居民履行为公路建设和养护提供劳务的义务。

第三十九条　为保障公路养护人员的人身安全，公路养护人员进行养护作业时，应当穿着统一的安全标志服；利用车辆进行养护作业时，应当在公路作业车辆上设置明显的作业标志。

公路养护车辆进行作业时，在不影响过往车辆通行的前提下，其行驶路线和方向不受公路标志、标线限制；过往车辆对公路养护车辆和人员应当注意避让。

公路养护工程施工影响车辆、行人通行时，施工单位应当依照本法第三十二条的规定办理。

第四十条　因严重自然灾害致使国道、省道交通中断，公路管理机构应当及时修复；公路管理机构难以及时修复时，县级以上地方人民政府应当及时组织当地机关、团体、企业事业单位、城乡居民进行抢修，并可以请求当地驻军支援，尽快恢复交通。

第四十一条　公路用地范围内的山坡、荒地，由公路管理机构负责水土保持。

第四十二条　公路绿化工作，由公路管理机构按照公路工程技术标准组织实施。

公路用地上的树木，不得任意砍伐；需要更新砍伐的，应当经县级以上地方人民政府交通主管部门同意后，依照《中华人民共和国森林法》的规定办理审批手续，并完成更新补种任务。

第五章　路政管理

第四十三条　各级地方人民政府应当采取措施，加强对公路的保护。

县级以上地方人民政府交通主管部门应当认真履行职责，依法做好公路保护工作，并努力采用科学的管理方法和先进的技术手段，提高公路管理水平，逐步完善公路服务设施，保障公路的完好、安全和畅通。

第四十四条　任何单位和个人不得擅自占用、挖掘公路。

因修建铁路、机场、电站、通信设施、水利工程和进行其他建设工程需要占用、挖掘公路或者使公路改线的，建设单位应当事先征得有关交通主管部门的同意；影响交通安全的，还须征得有关公安机关的同意。占用、挖掘公路或者使公路改线的，建设单位应当按照不低于该段公路原有的技术标准予以修复、改建或者给予相应的经济补偿。

第四十五条　跨越、穿越公路修建桥梁、渡槽或者架设、埋设管线等设施的，以及在公路用地范围内架设、埋设管线、电缆等设施的，应当事先经有关交通主管部门同意，影响交通安全的，还须征得有关公安机关的同意；所修建、架设或者埋设的设施应当符合公路工程技术标准的要求。对公路造成损坏的，应当按照损坏程度给予补偿。

第四十六条　任何单位和个人不得在公路上及公路用地范围内摆摊设点、堆放物品、倾倒垃圾、设置障碍、挖沟引水、利用公路边沟排放污物或者进行其他损坏、污染公路和影响公路畅通的活动。

第四十七条 在大中型公路桥梁和渡口周围二百米、公路隧道上方和洞口外一百米范围内，以及在公路两侧一定距离内，不得挖砂、采石、取土、倾倒废弃物，不得进行爆破作业及其他危及公路、公路桥梁、公路隧道、公路渡口安全的活动。

在前款范围内因抢险、防汛需要修筑堤坝、压缩或者拓宽河床的，应当事先报经省、自治区、直辖市人民政府交通主管部门会同水行政主管部门批准，并采取有效的保护有关的公路、公路桥梁、公路隧道、公路渡口安全的措施。

第四十八条 除农业机械因当地田间作业需要在公路上短距离行驶外，铁轮车、履带车和其他可能损害公路路面的机具，不得在公路上行驶。确需行驶的，必须经县级以上地方人民政府交通主管部门同意，采取有效的防护措施，并按照公安机关指定的时间、路线行驶。对公路造成损坏的，应当按照损坏程度给予补偿。

第四十九条 在公路上行驶的车辆的轴载质量应当符合公路工程技术标准要求。

第五十条 超过公路、公路桥梁、公路隧道或者汽车渡船的限载、限高、限宽、限长标准的车辆，不得在有限定标准的公路、公路桥梁上或者公路隧道内行驶，不得使用汽车渡船。超过公路或者公路桥梁限载标准确需行驶的，必须经县级以上地方人民政府交通主管部门批准，并按要求采取有效的防护措施；运载不可解体的超限物品的，应当按照指定的时间、路线、时速行驶，并悬挂明显标志。

运输单位不能按照前款规定采取防护措施的，由交通主管部门帮助其采取防护措施，所需费用由运输单位承担。

第五十一条 机动车制造厂和其他单位不得将公路作为检验机动车制动性能的试车场地。

第五十二条 任何单位和个人不得损坏、擅自移动、涂改公路附属设施。

前款公路附属设施，是指为保护、养护公路和保障公路安全畅通所设置的公路防护、排水、养护、管理、服务、交通安全、渡运、监控、通信、收费等设施、设备以及专用建筑物、构筑物等。

第五十三条 造成公路损坏的，责任者应当及时报告公路管理机构，并接受公路管理机构的现场调查。

第五十四条 任何单位和个人未经县级以上地方人民政府交通主管部门批准，不得在公路用地范围内设置公路标志以外的其他标志。

第五十五条 在公路上增设平面交叉道口，必须按照国家有关规定经过批准，并按照国家规定的技术标准建设。

第五十六条 除公路防护、养护需要的以外，禁止在公路两侧的建筑控制区内修建建筑物和地面构筑物；需要在建筑控制区内埋设管线、电缆等设施的，应当事先经县级以上地方人民政府交通主管部门批准。

前款规定的建筑控制区的范围，由县级以上地方人民政府按照保障公路运行安全和节约用地的原则，依照国务院的规定划定。

建筑控制区范围经县级以上地方人民政府依照前款规定划定后，由县级以上地方人民政府交通主管部门设置标桩、界桩。任何单位和个人不得损坏、擅自挪动该标桩、界桩。

第五十七条 除本法第四十七条第二款的规定外，本章规定由交通主管部门行使的路政管理职责，可以依照本法第八条第四款的规定，由公路管理机构行使。

第六章 收费公路

第五十八条 国家允许依法设立收费公路，同时对收费公路的数量进行控制。

除本法第五十九条规定可以收取车辆通行费的公路外，禁止任何公路收取车辆通行费。

第五十九条　符合国务院交通主管部门规定的技术等级和规模的下列公路，可以依法收取车辆通行费：

（一）由县级以上地方人民政府交通主管部门利用贷款或者企业、个人集资建成的公路；

（二）由国内外经济组织依法受让前项收费公路收费权的公路；

（三）由国内外经济组织依法投资建成的公路。

第六十条　县级以上地方人民政府交通主管部门利用贷款或者集资建成的收费公路的收费期限，按照收费偿还贷款、集资款的原则，由省、自治区、直辖市人民政府依照国务院交通主管部门的规定确定。

有偿转让公路收费权的公路，收费权转让后，由受让方收费经营。收费权的转让期限由出让、受让双方约定并报转让收费权的审批机关审查批准，但最长不得超过国务院规定的年限。

国内外经济组织投资建设公路，必须按照国家有关规定办理审批手续；公路建成后，由投资者收费经营。收费经营期限按照收回投资并有合理回报的原则，由有关交通主管部门与投资者约定并按照国家有关规定办理审批手续，但最长不得超过国务院规定的年限。

第六十一条　本法第五十九条第一款第一项规定的公路中的国道收费权的转让，必须经国务院交通主管部门批准；国道以外的其他公路收费权的转让，必须经省、自治区、直辖市人民政府批准，并报国务院交通主管部门备案。

前款规定的公路收费权出让的最低成交价，以国有资产评估机构评估的价值为依据确定。

第六十二条　受让公路收费权和投资建设公路的国内外经济组织应当依法成立开发、经营公路的企业（以下简称公路经营企业）。

第六十三条　收费公路车辆通行费的收费标准，由公路收费单位提出方案，报省、自治区、直辖市人民政府交通主管部门会同同级物价行政主管部门审查批准。

第六十四条 收费公路设置车辆通行费的收费站，应当报经省、自治区、直辖市人民政府审查批准。跨省、自治区、直辖市的收费公路设置车辆通行费的收费站，由有关省、自治区、直辖市人民政府协商确定；协商不成的，由国务院交通主管部门决定。同一收费公路由不同的交通主管部门组织建设或者由不同的公路经营企业经营的，应当按照"统一收费、按比例分成"的原则，统筹规划，合理设置收费站。

两个收费站之间的距离，不得小于国务院交通主管部门规定的标准。

第六十五条 有偿转让公路收费权的公路，转让收费权合同约定的期限届满，收费权由出让方收回。

由国内外经济组织依照本法规定投资建成并经营的收费公路，约定的经营期限届满，该公路由国家无偿收回，由有关交通主管部门管理。

第六十六条 依照本法第五十九条规定受让收费权或者由国内外经济组织投资建成经营的公路的养护工作，由各该公路经营企业负责。各该公路经营企业在经营期间应当按照国务院交通主管部门规定的技术规范和操作规程做好对公路的养护工作。在受让收费权的期限届满，或者经营期限届满时，公路应当处于良好的技术状态。

前款规定的公路的绿化和公路用地范围内的水土保持工作，由各该公路经营企业负责。

第一款规定的公路的路政管理，适用本法第五章的规定。该公路路政管理的职责由县级以上地方人民政府交通主管部门或者公路管理机构的派出机构、人员行使。

第六十七条 在收费公路上从事本法第四十四条第二款、第四十五条、第四十八条、第五十条所列活动的，除依照各该条的规定办理外，给公路经营企业造成损失的，应当给予相应的补偿。

第六十八条　收费公路的具体管理办法，由国务院依照本法制定。

第七章　监督检查

第六十九条　交通主管部门、公路管理机构依法对有关公路的法律、法规执行情况进行监督检查。

第七十条　交通主管部门、公路管理机构负有管理和保护公路的责任，有权检查、制止各种侵占、损坏公路、公路用地、公路附属设施及其他违反本法规定的行为。

第七十一条　公路监督检查人员依法在公路、建筑控制区、车辆停放场所、车辆所属单位等进行监督检查时，任何单位和个人不得阻挠。

公路经营者、使用者和其他有关单位、个人，应当接受公路监督检查人员依法实施的监督检查，并为其提供方便。

公路监督检查人员执行公务，应当佩戴标志，持证上岗。

第七十二条　交通主管部门、公路管理机构应当加强对所属公路监督检查人员的管理和教育，要求公路监督检查人员熟悉国家有关法律和规定，公正廉洁，热情服务，秉公执法，对公路监督检查人员的执法行为应当加强监督检查，对其违法行为应当及时纠正，依法处理。

第七十三条　用于公路监督检查的专用车辆，应当设置统一的标志和示警灯。

第八章　法律责任

第七十四条　违反法律或者国务院有关规定，擅自在公路上设卡、收费的，由交通主管部门责令停止违法行为，没收违法所得，可以处违法所得三倍以下的罚款，没有违法所得的，可以处二万元以下的罚款；对负有直接责任的主管人员和其他直接责任人员，依法给予行政处分。

第七十五条　违反本法第二十五条规定，未经有关交通主管部门批准擅自施工的，交通主管部门可以责令停止施工，并可以处五万元以下的罚款。

第七十六条　有下列违法行为之一的，由交通主管部门责令停止违法行为，可以处三万元以下的罚款：（一）违反本法第四十四条第一款规定，擅自占用、挖掘公路的；（二）违反本法第四十五条规定，未经同意或者未按照公路工程技术标准的要求修建桥梁、渡槽或者架设、埋设管线、电缆等设施的；（三）违反本法第四十七条规定，从事危及公路安全的作业的；（四）违反本法第四十八条规定，铁轮车、履带车和其他可能损害路面的机具擅自在公路上行驶的；（五）违反本法第五十条规定，车辆超限使用汽车渡船或者在公路上擅自超限行驶的；（六）违反本法第五十二条、第五十六条规定，损坏、移动、涂改公路附属设施或者损坏、挪动建筑控制区的标桩、界桩，可能危及公路安全的。

第七十七条　违反本法第四十六条的规定，造成公路路面损坏、污染或者影响公路畅通的，或者违反本法第五十一条规定，将公路作为试车场地的，由交通主管部门责令停止违法行为，可以处五千元以下的罚款。

第七十八条　违反本法第五十三条规定，造成公路损坏，未报告的，由交通主管部门处一千元以下的罚款。

第七十九条　违反本法第五十四条规定，在公路用地范围内设置公路标志以外的其他标志的，由交通主管部门责令限期拆除，可以处二万元以下的罚款；逾期不拆除的，由交通主管部门拆除，有关费用由设置者负担。

第八十条　违反本法第五十五条规定，未经批准在公路上增设平面交叉道口的，由交通主管部门责令恢复原状，处五万元以下的罚款。

第八十一条 违反本法第五十六条规定，在公路建筑控制区内修建建筑物、地面构筑物或者擅自埋设管线、电缆等设施的，由交通主管部门责令限期拆除，并可以处五万元以下的罚款。逾期不拆除的，由交通主管部门拆除，有关费用由建筑者、构筑者承担。

第八十二条 除本法第七十四条、第七十五条的规定外，本章规定由交通主管部门行使的行政处罚权和行政措施，可以依照本法第八条第四款的规定由公路管理机构行使。

第八十三条 阻碍公路建设或者公路抢修，致使公路建设或者抢修不能正常进行，尚未造成严重损失的，依照《中华人民共和国治安管理处罚法》的规定处罚。

损毁公路或者擅自移动公路标志，可能影响交通安全，尚不够刑事处罚的，适用《中华人民共和国道路交通安全法》第九十九条的处罚规定。

拒绝、阻碍公路监督检查人员依法执行职务未使用暴力、威胁方法的，依照《中华人民共和国治安管理处罚法》的规定处罚。

第八十四条 违反本法有关规定，构成犯罪的，依法追究刑事责任。

第八十五条 违反本法有关规定，对公路造成损害的，应当依法承担民事责任。

对公路造成较大损害的车辆，必须立即停车，保护现场，报告公路管理机构，接受公路管理机构的调查、处理后方得驶离。

第八十六条 交通主管部门、公路管理机构的工作人员玩忽职守、徇私舞弊、滥用职权，构成犯罪的，依法追究刑事责任；尚不构成犯罪的，依法给予行政处分。

第九章 附 则

本法自 1998 年 1 月 1 日起施行。

附　录

公路安全保护条例

中华人民共和国国务院令

第 593 号

《公路安全保护条例》已经 2011 年 2 月 16 日国务院第 144 次常务会议通过，现予公布，自 2011 年 7 月 1 日起施行。

总理　温家宝

二〇一一年三月七日

第一章　总　则

第一条　为了加强公路保护，保障公路完好、安全和畅通，根据《中华人民共和国公路法》，制定本条例。

第二条　各级人民政府应当加强对公路保护工作的领导，依法履行公路保护职责。

第三条　国务院交通运输主管部门主管全国公路保护工作。

县级以上地方人民政府交通运输主管部门主管本行政区域的公路保护工作；但是，县级以上地方人民政府交通运输主管部门对国道、省道的保护职责，由省、自治区、直辖市人民政府确定。

公路管理机构依照本条例的规定具体负责公路保护的监督管理工作。

第四条　县级以上各级人民政府发展改革、工业和信息化、公安、工商、质检等部门按照职责分工，依法开展公路保护的相关工作。

第五条　县级以上各级人民政府应当将政府及其有关部门从事公路管理、养护所需经费以及公路管理机构行使公路行政管理职能所需经费纳入本级人民政府财政预算。但是，专用公路的公路保护经费除外。

第六条　县级以上各级人民政府交通运输主管部门应当综合考虑国家有关车辆技术标准、公路使用状况等因素，逐步提高公路建设、管理和养护水平，努力满足国民经济和社会发展以及人民群众生产、生活需要。

第七条　县级以上各级人民政府交通运输主管部门应当依照《中华人民共和国突发事件应对法》的规定，制定地震、泥石流、雨雪冰冻灾害等损毁公路的突发事件（以下简称公路突发事件）应急预案，报本级人民政府批准后实施。

公路管理机构、公路经营企业应当根据交通运输主管部门制定的公路突发事件应急预案，组建应急队伍，并定期组织应急演练。

第八条　国家建立健全公路突发事件应急物资储备保障制度，完善应急物资储备、调配体系，确保发生公路突发事件时能够满足应急处置工作的需要。

第九条　任何单位和个人不得破坏、损坏、非法占用或者非法利用公路、公路用地和公路附属设施。

第二章　公路线路

第十条　公路管理机构应当建立健全公路管理档案，对公路、公路用地和公路附属设施调查核实、登记造册。

第十一条　县级以上地方人民政府应当根据保障公路运行安全和节约用地的原则以及公路发展的需要，组织交通运输、国土资源等部门划定公路建筑控制区的范围。

公路建筑控制区的范围，从公路用地外缘起向外的距离标准为：

（一）国道不少于 20 米；

（二）省道不少于 15 米；

（三）县道不少于 10 米；

（四）乡道不少于 5 米。

属于高速公路的，公路建筑控制区的范围从公路用地外缘起向外的距离标准不少于 30 米。

公路弯道内侧、互通立交以及平面交叉道口的建筑控制区范围根据安全视距等要求确定。

第十二条 新建、改建公路的建筑控制区的范围，应当自公路初步设计批准之日起 30 日内，由公路沿线县级以上地方人民政府依照本条例划定并公告。

公路建筑控制区与铁路线路安全保护区、航道保护范围、河道管理范围或者水工程管理和保护范围重叠的，经公路管理机构和铁路管理机构、航道管理机构、水行政主管部门或者流域管理机构协商后划定。

第十三条 在公路建筑控制区内，除公路保护需要外，禁止修建建筑物和地面构筑物；公路建筑控制区划定前已经合法修建的不得扩建，因公路建设或者保障公路运行安全等原因需要拆除的应当依法给予补偿。

在公路建筑控制区外修建的建筑物、地面构筑物以及其他设施不得遮挡公路标志，不得妨碍安全视距。

第十四条 新建村镇、开发区、学校和货物集散地、大型商业网点、农贸市场等公共场所，与公路建筑控制区边界外缘的距离应当符合下列标准，并尽可能在公路一侧建设：

（一）国道、省道不少于 50 米；

（二）县道、乡道不少于 20 米。

第十五条　新建、改建公路与既有城市道路、铁路、通信等线路交叉或者新建、改建城市道路、铁路、通信等线路与既有公路交叉的，建设费用由新建、改建单位承担；城市道路、铁路、通信等线路的管理部门、单位或者公路管理机构要求提高既有建设标准而增加的费用，由提出要求的部门或者单位承担。

需要改变既有公路与城市道路、铁路、通信等线路交叉方式的，按照公平合理的原则分担建设费用。

第十六条　禁止将公路作为检验车辆制动性能的试车场地。

禁止在公路、公路用地范围内摆摊设点、堆放物品、倾倒垃圾、设置障碍、挖沟引水、打场晒粮、种植作物、放养牲畜、采石、取土、采空作业、焚烧物品、利用公路边沟排放污物或者进行其他损坏、污染公路和影响公路畅通的行为。

第十七条　禁止在下列范围内从事采矿、采石、取土、爆破作业等危及公路、公路桥梁、公路隧道、公路渡口安全的活动：

（一）国道、省道、县道的公路用地外缘起向外 100 米，乡道的公路用地外缘起向外 50 米；

（二）公路渡口和中型以上公路桥梁周围 200 米；

（三）公路隧道上方和洞口外 100 米。

在前款规定的范围内，因抢险、防汛需要修筑堤坝、压缩或者拓宽河床的，应当经省、自治区、直辖市人民政府交通运输主管部门会同水行政主管部门或者流域管理机构批准，并采取安全防护措施方可进行。

第十八条　除按照国家有关规定设立的为车辆补充燃料的场所、设施外，禁止在下列范围内设立生产、储存、销售易燃、易爆、剧毒、放射性等危险物品的场所、设施：

（一）公路用地外缘起向外 100 米；

（二）公路渡口和中型以上公路桥梁周围 200 米；

（三）公路隧道上方和洞口外 100 米。

第十九条　禁止擅自在中型以上公路桥梁跨越的河道上下游各

1000 米范围内抽取地下水、架设浮桥以及修建其他危及公路桥梁安全的设施。

在前款规定的范围内，确需进行抽取地下水、架设浮桥等活动的，应当经水行政主管部门、流域管理机构等有关单位会同公路管理机构批准，并采取安全防护措施方可进行。

第二十条　禁止在公路桥梁跨越的河道上下游的下列范围内采砂：

（一）特大型公路桥梁跨越的河道上游 500 米，下游 3000 米；

（二）大型公路桥梁跨越的河道上游 500 米，下游 2000 米；

（三）中小型公路桥梁跨越的河道上游 500 米，下游 1000 米。

第二十一条　在公路桥梁跨越的河道上下游各 500 米范围内依法进行疏浚作业的，应当符合公路桥梁安全要求，经公路管理机构确认安全方可作业。

第二十二条　禁止利用公路桥梁进行牵拉、吊装等危及公路桥梁安全的施工作业。

禁止利用公路桥梁（含桥下空间）、公路隧道、涵洞堆放物品，搭建设施以及铺设高压电线和输送易燃、易爆或者其他有毒有害气体、液体的管道。

第二十三条　公路桥梁跨越航道的，建设单位应当按照国家有关规定设置桥梁航标、桥柱标、桥梁水尺标，并按照国家标准、行业标准设置桥区水上航标和桥墩防撞装置。桥区水上航标由航标管理机构负责维护。

通过公路桥梁的船舶应当符合公路桥梁通航净空要求，严格遵守航行规则，不得在公路桥梁下停泊或者系缆。

第二十四条　重要的公路桥梁和公路隧道按照《中华人民共和国人民武装警察法》和国务院、中央军委的有关规定由中国人民武装警察部队守护。

第二十五条　禁止损坏、擅自移动、涂改、遮挡公路附属设施或者利用公路附属设施架设管道、悬挂物品。

第二十六条 禁止破坏公路、公路用地范围内的绿化物。需要更新采伐护路林的，应当向公路管理机构提出申请，经批准方可更新采伐，并及时补种；不能及时补种的，应当交纳补种所需费用，由公路管理机构代为补种。

第二十七条 进行下列涉路施工活动，建设单位应当向公路管理机构提出申请：

（一）因修建铁路、机场、供电、水利、通信等建设工程需要占用、挖掘公路、公路用地或者使公路改线；

（二）跨越、穿越公路修建桥梁、渡槽或者架设、埋设管道、电缆等设施；

（三）在公路用地范围内架设、埋设管道、电缆等设施；

（四）利用公路桥梁、公路隧道、涵洞铺设电缆等设施；

（五）利用跨越公路的设施悬挂非公路标志；

（六）在公路上增设或者改造平面交叉道口；

（七）在公路建筑控制区内埋设管道、电缆等设施。

第二十八条 申请进行涉路施工活动的建设单位应当向公路管理机构提交下列材料：

（一）符合有关技术标准、规范要求的设计和施工方案；

（二）保障公路、公路附属设施质量和安全的技术评价报告；

（三）处置施工险情和意外事故的应急方案。

公路管理机构应当自受理申请之日起 20 日内作出许可或者不予许可的决定；影响交通安全的，应当征得公安机关交通管理部门的同意；涉及经营性公路的，应当征求公路经营企业的意见；不予许可的，公路管理机构应当书面通知申请人并说明理由。

第二十九条 建设单位应当按照许可的设计和施工方案进行施工作业，并落实保障公路、公路附属设施质量和安全的防护措施。

涉路施工完毕，公路管理机构应当对公路、公路附属设施是否达到规定的技术标准以及施工是否符合保障公路、公路附属设施质量和安全的要求进行验收；影响交通安全的，还应当经公安机关交通管理部门验收。

涉路工程设施的所有人、管理人应当加强维护和管理，确保工程设施不影响公路的完好、安全和畅通。

第三章　公路通行

第三十条　车辆的外廓尺寸、轴荷和总质量应当符合国家有关车辆外廓尺寸、轴荷、质量限值等机动车安全技术标准，不符合标准的不得生产、销售。

第三十一条　公安机关交通管理部门办理车辆登记，应当当场查验，对不符合机动车国家安全技术标准的车辆不予登记。

第三十二条　运输不可解体物品需要改装车辆的，应当由具有相应资质的车辆生产企业按照规定的车型和技术参数进行改装。

第三十三条　超过公路、公路桥梁、公路隧道限载、限高、限宽、限长标准的车辆，不得在公路、公路桥梁或者公路隧道行驶；超过汽车渡船限载、限高、限宽、限长标准的车辆，不得使用汽车渡船。

公路、公路桥梁、公路隧道限载、限高、限宽、限长标准调整的，公路管理机构、公路经营企业应当及时变更限载、限高、限宽、限长标志；需要绕行的，还应当标明绕行路线。

第三十四条　县级人民政府交通运输主管部门或者乡级人民政府可以根据保护乡道、村道的需要，在乡道、村道的出入口设置必要的限高、限宽设施，但是不得影响消防和卫生急救等应急通行需要，不得向通行车辆收费。

第三十五条　车辆载运不可解体物品，车货总体的外廓尺寸或者总质量超过公路、公路桥梁、公路隧道的限载、限高、限宽、限长标准，确需在公路、公路桥梁、公路隧道行驶的，从事运输的单位和个人应当向公路管理机构申请公路超限运输许可。

第三十六条　申请公路超限运输许可按照下列规定办理：

（一）跨省、自治区、直辖市进行超限运输的，向公路沿线各省、自治区、直辖市公路管理机构提出申请，由起运地省、自治区、直辖市公路管理机构统一受理，并协调公路沿线各省、自治区、直辖市公路管理机构对超限运输申请进行审批，必要时可以由国务院交通运输主管部门统一协调处理；

（二）在省、自治区范围内跨设区的市进行超限运输，或者在直辖市范围内跨区、县进行超限运输的，向省、自治区、直辖市公路管理机构提出申请，由省、自治区、直辖市公路管理机构受理并审批；

（三）在设区的市范围内跨区、县进行超限运输的，向设区的市公路管理机构提出申请，由设区的市公路管理机构受理并审批；

（四）在区、县范围内进行超限运输的，向区、县公路管理机构提出申请，由区、县公路管理机构受理并审批。

公路超限运输影响交通安全的，公路管理机构在审批超限运输申请时，应当征求公安机关交通管理部门意见。

第三十七条 公路管理机构审批超限运输申请，应当根据实际情况勘测通行路线，需要采取加固、改造措施的，可以与申请人签订有关协议，制定相应的加固、改造方案。

公路管理机构应当根据其制定的加固、改造方案，对通行的公路桥梁、涵洞等设施进行加固、改造；必要时应当对超限运输车辆进行监管。

第三十八条 公路管理机构批准超限运输申请的，应当为超限运输车辆配发国务院交通运输主管部门规定式样的超限运输车辆通行证。

经批准进行超限运输的车辆，应当随车携带超限运输车辆通行证，按照指定的时间、路线和速度行驶，并悬挂明显标志。

禁止租借、转让超限运输车辆通行证。禁止使用伪造、变造的超限运输车辆通行证。

第三十九条　经省、自治区、直辖市人民政府批准，有关交通运输主管部门可以设立固定超限检测站点，配备必要的设备和人员。

固定超限检测站点应当规范执法，并公布监督电话。公路管理机构应当加强对固定超限检测站点的管理。

第四十条　公路管理机构在监督检查中发现车辆超过公路、公路桥梁、公路隧道或者汽车渡船的限载、限高、限宽、限长标准的，应当就近引导至固定超限检测站点进行处理。

车辆应当按照超限检测指示标志或者公路管理机构监督检查人员的指挥接受超限检测，不得故意堵塞固定超限检测站点通行车道、强行通过固定超限检测站点或者以其他方式扰乱超限检测秩序，不得采取短途驳载等方式逃避超限检测。

禁止通过引路绕行等方式为不符合国家有关载运标准的车辆逃避超限检测提供便利。

第四十一条　煤炭、水泥等货物集散地以及货运站等场所的经营人、管理人应当采取有效措施，防止不符合国家有关载运标准的车辆出场（站）。

道路运输管理机构应当加强对煤炭、水泥等货物集散地以及货运站等场所的监督检查，制止不符合国家有关载运标准的车辆出场（站）。

任何单位和个人不得指使、强令车辆驾驶人超限运输货物，不得阻碍道路运输管理机构依法进行监督检查。

第四十二条　载运易燃、易爆、剧毒、放射性等危险物品的车辆，应当符合国家有关安全管理规定，并避免通过特大型公路桥梁或者特长公路隧道；确需通过特大型公路桥梁或者特长公路隧道的，负责审批易燃、易爆、剧毒、放射性等危险物品运输许可的机关应当提前将行驶时间、路线通知特大型公路桥梁或者特长公路隧道的管理单位，并对在特大型公路桥梁或者特长公路隧道行驶的车辆进行现场监管。

第四十三条 车辆应当规范装载，装载物不得触地拖行。车辆装载物易掉落、遗洒或者飘散的，应当采取厢式密闭等有效防护措施方可在公路上行驶。

公路上行驶车辆的装载物掉落、遗洒或者飘散的，车辆驾驶人、押运人员应当及时采取措施处理；无法处理的，应当在掉落、遗洒或者飘散物来车方向适当距离外设置警示标志，并迅速报告公路管理机构或者公安机关交通管理部门。其他人员发现公路上有影响交通安全的障碍物的，也应当及时报告公路管理机构或者公安机关交通管理部门。公安机关交通管理部门应当责令改正车辆装载物掉落、遗洒、飘散等违法行为；公路管理机构、公路经营企业应当及时清除掉落、遗洒、飘散在公路上的障碍物。

车辆装载物掉落、遗洒、飘散后，车辆驾驶人、押运人员未及时采取措施处理，造成他人人身、财产损害的，道路运输企业、车辆驾驶人应当依法承担赔偿责任。

第四章　公路养护

第四十四条 公路管理机构、公路经营企业应当加强公路养护，保证公路经常处于良好技术状态。

前款所称良好技术状态，是指公路自身的物理状态符合有关技术标准的要求，包括路面平整，路肩、边坡平顺，有关设施完好。

第四十五条 公路养护应当按照国务院交通运输主管部门规定的技术规范和操作规程实施作业。

第四十六条 从事公路养护作业的单位应当具备下列资质条件：

（一）有一定数量的符合要求的技术人员；

（二）有与公路养护作业相适应的技术设备；

（三）有与公路养护作业相适应的作业经历；

（四）国务院交通运输主管部门规定的其他条件。

公路养护作业单位资质管理办法由国务院交通运输主管部门另行制定。

第四十七条 公路管理机构、公路经营企业应当按照国务院交通运输主管部门的规定对公路进行巡查，并制作巡查记录；发现公路坍塌、坑槽、隆起等损毁的，应当及时设置警示标志，并采取措施修复。

公安机关交通管理部门发现公路坍塌、坑槽、隆起等损毁，危及交通安全的，应当及时采取措施，疏导交通，并通知公路管理机构或者公路经营企业。

其他人员发现公路坍塌、坑槽、隆起等损毁的，应当及时向公路管理机构、公安机关交通管理部门报告。

第四十八条 公路管理机构、公路经营企业应当定期对公路、公路桥梁、公路隧道进行检测和评定，保证其技术状态符合有关技术标准；对经检测发现不符合车辆通行安全要求的，应当进行维修，及时向社会公告，并通知公安机关交通管理部门。

第四十九条 公路管理机构、公路经营企业应当定期检查公路隧道的排水、通风、照明、监控、报警、消防、救助等设施，保持设施处于完好状态。

第五十条 公路管理机构应当统筹安排公路养护作业计划，避免集中进行公路养护作业造成交通堵塞。

在省、自治区、直辖市交界区域进行公路养护作业，可能造成交通堵塞的，有关公路管理机构、公安机关交通管理部门应当事先书面通报相邻的省、自治区、直辖市公路管理机构、公安机关交通管理部门，共同制定疏导预案，确定分流路线。

第五十一条 公路养护作业需要封闭公路的，或者占用半幅公路进行作业，作业路段长度在 2 公里以上，并且作业期限超过 30 日的，除紧急情况外，公路养护作业单位应当在作业开始之日前 5 日向社会公告，明确绕行路线，并在绕行处设置标志；不能绕行的，应当修建临时道路。

第五十二条 公路养护作业人员作业时，应当穿着统一的安全标志服。公路养护车辆、机械设备作业时，应当设置明显的作业标志，开启危险报警闪光灯。

第五十三条 发生公路突发事件影响通行的，公路管理机构、公路经营企业应当及时修复公路、恢复通行。设区的市级以上人民政府交通运输主管部门应当根据修复公路、恢复通行的需要，及时调集抢修力量，统筹安排有关作业计划，下达路网调度指令，配合有关部门组织绕行、分流。

设区的市级以上公路管理机构应当按照国务院交通运输主管部门的规定收集、汇总公路损毁、公路交通流量等信息，开展公路突发事件的监测、预报和预警工作，并利用多种方式及时向社会发布有关公路运行信息。

第五十四条 中国人民武装警察交通部队按照国家有关规定承担公路、公路桥梁、公路隧道等设施的抢修任务。

第五十五条 公路永久性停止使用的，应当按照国务院交通运输主管部门规定的程序核准后作报废处理，并向社会公告。

公路报废后的土地使用管理依照有关土地管理的法律、行政法规执行。

第五章 法律责任

第五十六条 违反本条例的规定，有下列情形之一的，由公路管理机构责令限期拆除，可以处 5 万元以下的罚款。逾期不拆除的，由公路管理机构拆除，有关费用由违法行为人承担：

（一）在公路建筑控制区内修建、扩建建筑物、地面构筑物或者未经许可埋设管道、电缆等设施的；

（二）在公路建筑控制区外修建的建筑物、地面构筑物以及其他设施遮挡公路标志或者妨碍安全视距的。

第五十七条 违反本条例第十八条、第十九条、第二十三条规定的，由安全生产监督管理部门、水行政主管部门、流域管理机构、海事管理机构等有关单位依法处理。

第五十八条 违反本条例第二十条规定的，由水行政主管部门或者流域管理机构责令改正，可以处 3 万元以下的罚款。

第五十九条 违反本条例第二十二条规定的，由公路管理机构责令改正，处 2 万元以上 10 万元以下的罚款。

第六十条 违反本条例的规定，有下列行为之一的，由公路管理机构责令改正，可以处 3 万元以下的罚款：

（一）损坏、擅自移动、涂改、遮挡公路附属设施或者利用公路附属设施架设管道、悬挂物品，可能危及公路安全的；

（二）涉路工程设施影响公路完好、安全和畅通的。

第六十一条 违反本条例的规定，未经批准更新采伐护路林的，由公路管理机构责令补种，没收违法所得，并处采伐林木价值 3 倍以上 5 倍以下的罚款。

第六十二条 违反本条例的规定，未经许可进行本条例第二十七条第一项至第五项规定的涉路施工活动的，由公路管理机构责令改正，可以处 3 万元以下的罚款；未经许可进行本条例第二十七条第六项规定的涉路施工活动的，由公路管理机构责令改正，处 5 万元以下的罚款。

第六十三条 违反本条例的规定，非法生产、销售外廓尺寸、轴荷、总质量不符合国家有关车辆外廓尺寸、轴荷、质量限值等机动车安全技术标准的车辆的，依照《中华人民共和国道路交通安全法》的有关规定处罚。

具有国家规定资质的车辆生产企业未按照规定车型和技术参数改装车辆的，由原发证机关责令改正，处 4 万元以上 20 万元以下的罚款；拒不改正的，吊销其资质证书。

第六十四条 违反本条例的规定，在公路上行驶的车辆，车货总体的外廓尺寸、轴荷或者总质量超过公路、公路桥梁、公路隧道、汽车渡船限定标准的，由公路管理机构责令改正，可以处 3 万元以下的罚款。

第六十五条 违反本条例的规定,经批准进行超限运输的车辆,未按照指定时间、路线和速度行驶的,由公路管理机构或者公安机关交通管理部门责令改正;拒不改正的,公路管理机构或者公安机关交通管理部门可以扣留车辆。

未随车携带超限运输车辆通行证的,由公路管理机构扣留车辆,责令车辆驾驶人提供超限运输车辆通行证或者相应的证明。

租借、转让超限运输车辆通行证的,由公路管理机构没收超限运输车辆通行证,处 1000 元以上 5000 元以下的罚款。使用伪造、变造的超限运输车辆通行证的,由公路管理机构没收伪造、变造的超限运输车辆通行证,处 3 万元以下的罚款。

第六十六条 对 1 年内违法超限运输超过 3 次的货运车辆,由道路运输管理机构吊销其车辆营运证;对 1 年内违法超限运输超过 3 次的货运车辆驾驶人,由道路运输管理机构责令其停止从事营业性运输;道路运输企业 1 年内违法超限运输的货运车辆超过本单位货运车辆总数 10%的,由道路运输管理机构责令道路运输企业停业整顿;情节严重的,吊销其道路运输经营许可证,并向社会公告。

第六十七条 违反本条例的规定,有下列行为之一的,由公路管理机构强制拖离或者扣留车辆,处 3 万元以下的罚款:

(一)采取故意堵塞固定超限检测站点通行车道、强行通过固定超限检测站点等方式扰乱超限检测秩序的;

(二)采取短途驳载等方式逃避超限检测的。

第六十八条 违反本条例的规定,指使、强令车辆驾驶人超限运输货物的,由道路运输管理机构责令改正,处 3 万元以下的罚款。

第六十九条 车辆装载物触地拖行、掉落、遗洒或者飘散,造成公路路面损坏、污染的,由公路管理机构责令改正,处 5000 元以下的罚款。

第七十条 违反本条例的规定,公路养护作业单位未按照国务院交通运输主管部门规定的技术规范和操作规程进行公路养护作业的，由公路管理机构责令改正，处1万元以上5万元以下的罚款；拒不改正的，吊销其资质证书。

第七十一条 造成公路、公路附属设施损坏的单位和个人应当立即报告公路管理机构，接受公路管理机构的现场调查处理；危及交通安全的，还应当设置警示标志或者采取其他安全防护措施，并迅速报告公安机关交通管理部门。

发生交通事故造成公路、公路附属设施损坏的，公安机关交通管理部门在处理交通事故时应当及时通知有关公路管理机构到场调查处理。

第七十二条 造成公路、公路附属设施损坏，拒不接受公路管理机构现场调查处理的，公路管理机构可以扣留车辆、工具。

公路管理机构扣留车辆、工具的，应当当场出具凭证，并告知当事人在规定期限内到公路管理机构接受处理。逾期不接受处理，并且经公告3个月仍不来接受处理的，对扣留的车辆、工具，由公路管理机构依法处理。

公路管理机构对被扣留的车辆、工具应当妥善保管，不得使用。

第七十三条 违反本条例的规定，公路管理机构工作人员有下列行为之一的，依法给予处分：

（一）违法实施行政许可的；

（二）违反规定拦截、检查正常行驶的车辆的；

（三）未及时采取措施处理公路坍塌、坑槽、隆起等损毁的；

（四）违法扣留车辆、工具或者使用依法扣留的车辆、工具的；

（五）有其他玩忽职守、徇私舞弊、滥用职权行为的。

公路管理机构有前款所列行为之一的，对负有直接责任的主管人员和其他直接责任人员依法给予处分。

第七十四条 违反本条例的规定，构成违反治安管理行为的，由公安机关依法给予治安管理处罚；构成犯罪的，依法追究刑事责任。

第六章 附 则

第七十五条 村道的管理和养护工作，由乡级人民政府参照本条例的规定执行。

专用公路的保护不适用本条例。

第七十六条 军事运输使用公路按照国务院、中央军事委员会的有关规定执行。

第七十七条 本条例自 2011 年 7 月 1 日起施行。1987 年 10 月 13 日国务院发布的《中华人民共和国公路管理条例》同时废止。

城市道路管理条例

中华人民共和国国务院令
第 676 号

现公布《国务院关于修改和废止部分行政法规的决定》，自公布之日起施行。

总理　李克强
2017 年 3 月 1 日

（1996 年 6 月 4 日中华人民共和国国务院令第 198 号发布；根据 2011 年 1 月 8 日《国务院关于废止和修改部分行政法规的决定》修改；根据 2017 年 3 月 1 日中华人民共和国国务院令第 676 号修改）

第一章　总　则

第一条　为了加强城市道路管理，保障城市道路完好，充分发挥城市道路功能，促进城市经济和社会发展，制定本条例。

第二条　本条例所称城市道路，是指城市供车辆、行人通行的，具备一定技术条件的道路、桥梁及其附属设施。

第三条　本条例适用于城市道路规划、建设、养护、维修和路政管理。

第四条　城市道路管理实行统一规划、配套建设、协调发展和建设、养护、管理并重的原则。

第五条　国家鼓励和支持城市道路科学技术研究，推广先进技术，提高城市道路管理的科学技术水平。

第六条　国务院建设行政主管部门主管全国城市道路管理工作。

省、自治区人民政府城市建设行政主管部门主管本行政区域内的城市道路管理工作。

县级以上城市人民政府市政工程行政主管部门主管本行政区域内的城市道路管理工作。

第二章 规划和建设

第七条 县级以上城市人民政府应当组织市政工程、城市规划、公安交通等部门，根据城市总体规划编制城市道路发展规划。

市政工程行政主管部门应当根据城市道路发展规划，制定城市道路年度建设计划，经城市人民政府批准后实施。

第八条 城市道路建设资金可以按照国家有关规定，采取政府投资、集资、国内外贷款、国有土地有偿使用收入、发行债券等多种渠道筹集。

第九条 城市道路的建设应当符合城市道路技术规范。

第十条 政府投资建设城市道路的，应当根据城市道路发展规划和年度建设计划，由市政工程行政主管部门组织建设。

单位投资建设城市道路的，应当符合城市道路发展规划。

城市住宅小区、开发区内的道路建设，应当分别纳入住宅小区、开发区的开发建设计划配套建设。

第十一条 国家鼓励国内外企业和其他组织以及个人按照城市道路发展规划，投资建设城市道路。

第十二条 城市供水、排水、燃气、热力、供电、通信、消防等依附于城市道路的各种管线、杆线等设施的建设计划，应当与城市道路发展规划和年度建设计划相协调，坚持先地下、后地上的施工原则，与城市道路同步建设。

第十三条 新建的城市道路与铁路干线相交的，应当根据需要在城市规划中预留立体交通设施的建设位置。

城市道路与铁路相交的道口建设应当符合国家有关技术规范，并根据需要逐步建设立体交通设施。建设立体交通设施所需投资，按照国家规定由有关部门协商确定。

第十四条　建设跨越江河的桥梁和隧道，应当符合国家规定的防洪、通航标准和其他有关技术规范。

第十五条　县级以上城市人民政府应当有计划地按照城市道路技术规范改建、拓宽城市道路和公路的结合部，公路行政主管部门可以按照国家有关规定在资金上给予补助。

第十六条　承担城市道路设计、施工的单位，应当具有相应的资质等级，并按照资质等级承担相应的城市道路的设计、施工任务。

第十七条　城市道路的设计、施工，应当严格执行国家和地方规定的城市道路设计、施工的技术规范。

城市道路施工，实行工程质量监督制度。

城市道路工程竣工，经验收合格后，方可交付使用；未经验收或者验收不合格的，不得交付使用。

第十八条　城市道路实行工程质量保修制度。城市道路的保修期为1年，自交付使用之日起计算。保修期内出现工程质量问题，由有关责任单位负责保修。

第十九条　市政工程行政主管部门对利用贷款或者集资建设的大型桥梁、隧道等，可以在一定期限内向过往车辆（军用车辆除外）收取通行费，用于偿还贷款或者集资款，不得挪作他用。

收取通行费的范围和期限，由省、自治区、直辖市人民政府规定。

第三章　养护和维修

第二十条　市政工程行政主管部门对其组织建设和管理的城市道路，按照城市道路的等级、数量及养护和维修的定额，逐年核定养护、维修经费，统一安排养护、维修资金。

第二十一条　承担城市道路养护、维修的单位，应当严格执行城市道路养护、维修的技术规范，定期对城市道路进行养护、维修，确保养护、维修工程的质量。

市政工程行政主管部门负责对养护、维修工程的质量进行监督检查，保障城市道路完好。

第二十二条 市政工程行政主管部门组织建设和管理的道路，由其委托的城市道路养护、维修单位负责养护、维修。单位投资建设和管理的道路，由投资建设的单位或者其委托的单位负责养护、维修。城市住宅小区、开发区内的道路，由建设单位或者其委托的单位负责养护、维修。

第二十三条 设在城市道路上的各类管线的检查井、箱盖或者城市道路附属设施，应当符合城市道路养护规范。因缺损影响交通和安全时，有关产权单位应当及时补缺或者修复。

第二十四条 城市道路的养护、维修工程应当按照规定的期限修复竣工，并在养护、维修工程施工现场设置明显标志和安全防围设施，保障行人和交通车辆安全。

第二十五条 城市道路养护、维修的专用车辆应当使用统一标志；执行任务时，在保证交通安全畅通的情况下，不受行驶路线和行驶方向的限制。

第四章 路政管理

第二十六条 市政工程行政主管部门执行路政管理的人员执行公务，应当按照有关规定佩戴标志，持证上岗。

第二十七条 城市道路范围内禁止下列行为：

（一）擅自占用或者挖掘城市道路；

（二）履带车、铁轮车或者超重、超高、超长车辆擅自在城市道路上行驶；

（三）机动车在桥梁或者非指定的城市道路上试刹车；

（四）擅自在城市道路上建设建筑物、构筑物；

（五）在桥梁上架设压力在 4 公斤/平方厘米（0.4 兆帕）以上的煤气管道、10 千伏以上的高压电力线和其他易燃易爆管线；

（六）擅自在桥梁或者路灯设施上设置广告牌或者其他挂浮物；

（七）其他损害、侵占城市道路的行为。

第二十八条　履带车、铁轮车或者超重、超高、超长车辆需要在城市道路上行驶的，事先须征得市政工程行政主管部门同意，并按照公安交通管理部门指定的时间、路线行驶。

军用车辆执行任务需要在城市道路上行驶的，可以不受前款限制，但是应当按照规定采取安全保护措施。

第二十九条　依附于城市道路建设各种管线、杆线等设施的，应当经市政工程行政主管部门批准，方可建设。

第三十条　未经市政工程行政主管部门和公安交通管理部门批准，任何单位或者个人不得占用或者挖掘城市道路。

第三十一条　因特殊情况需要临时占用城市道路的，须经市政工程行政主管部门和公安交通管理部门批准，方可按照规定占用。

经批准临时占用城市道路的，不得损坏城市道路；占用期满后，应当及时清理占用现场，恢复城市道路原状；损坏城市道路的，应当修复或者给予赔偿。

第三十二条　城市人民政府应当严格控制占用城市道路作为集贸市场。

第三十三条　因工程建设需要挖掘城市道路的，应当持城市规划部门批准签发的文件和有关设计文件，到市政工程行政主管部门和公安交通管理部门办理审批手续，方可按照规定挖掘。

新建、扩建、改建的城市道路交付使用后 5 年内、大修的城市道路竣工后 3 年内不得挖掘；因特殊情况需要挖掘的，须经县级以上城市人民政府批准。

第三十四条　埋设在城市道路下的管线发生故障需要紧急抢修的，可以先行破路抢修，并同时通知市政工程行政主管部门和公安交通管理部门，在 24 小时内按照规定补办批准手续。

第三十五条　经批准挖掘城市道路的，应当在施工现场设置明显标志和安全防围设施；竣工后，应当及时清理现场，通知市政工程行政主管部门检查验收。

第三十六条 经批准占用或者挖掘城市道路的，应当按照批准的位置、面积、期限占用或者挖掘。需要移动位置、扩大面积、延长时间的，应当提前办理变更审批手续。

第三十七条 占用或者挖掘由市政工程行政主管部门管理的城市道路的，应当向市政工程行政主管部门交纳城市道路占用费或者城市道路挖掘修复费。

城市道路占用费的收费标准，由省、自治区人民政府的建设行政主管部门、直辖市人民政府的市政工程行政主管部门拟订，报同级财政、物价主管部门核定；城市道路挖掘修复费的收费标准，由省、自治区人民政府的建设行政主管部门、直辖市人民政府的市政工程行政主管部门制定，报同级财政、物价主管部门备案。

第三十八条 根据城市建设或者其他特殊需要，市政工程行政主管部门可以对临时占用城市道路的单位或者个人决定缩小占用面积、缩短占用时间或者停止占用，并根据具体情况退还部分城市道路占用费。

第五章 罚 则

第三十九条 违反本条例的规定，有下列行为之一的，由市政工程行政主管部门责令停止设计、施工，限期改正，可以并处3万元以下的罚款；已经取得设计、施工资格证书，情节严重的，提请原发证机关吊销设计、施工资格证书：

（一）未取得设计、施工资格或者未按照资质等级承担城市道路的设计、施工任务的；

（二）未按照城市道路设计、施工技术规范设计、施工的；

（三）未按照设计图纸施工或者擅自修改图纸的。

第四十条 违反本条例第十七条规定，擅自使用未经验收或者验收不合格的城市道路的，由市政工程行政主管部门责令限期改正，给予警告，可以并处工程造价2%以下的罚款。

第四十一条　承担城市道路养护、维修的单位违反本条例的规定，未定期对城市道路进行养护、维修或者未按照规定的期限修复竣工，并拒绝接受市政工程行政主管部门监督、检查的，由市政工程行政主管部门责令限期改正，给予警告；对负有直接责任的主管人员和其他直接责任人员，依法给予行政处分。

第四十二条　违反本条例第二十七条规定，或者有下列行为之一的，由市政工程行政主管部门或者其他有关部门责令限期改正，可以处以 2 万元以下的罚款；造成损失的，应当依法承担赔偿责任：

（一）未对设在城市道路上的各种管线的检查井、箱盖或者城市道路附属设施的缺损及时补缺或者修复的；

（二）未在城市道路施工现场设置明显标志和安全防围设施的；

（三）占用城市道路期满或者挖掘城市道路后，不及时清理现场的；

（四）依附于城市道路建设各种管线、杆线等设施，不按照规定办理批准手续的；

（五）紧急抢修埋设在城市道路下的管线，不按照规定补办批准手续的；

（六）未按照批准的位置、面积、期限占用或者挖掘城市道路，或者需要移动位置、扩大面积、延长时间，未提前办理变更审批手续的。

第四十三条　违反本条例，构成犯罪的，由司法机关依法追究刑事责任；尚不构成犯罪，应当给予治安管理处罚的，依照治安管理处罚法的规定给予处罚。

第四十四条　市政工程行政主管部门人员玩忽职守、滥用职权、徇私舞弊，构成犯罪的，依法追究刑事责任；尚不构成犯罪的，依法给予行政处分。

农村公路养护管理办法

中华人民共和国交通运输部令
2015 年第 22 号

《农村公路养护管理办法》已于 2015 年 11 月 3 日经
第 20 次部务会议通过，现予公布，自 2016 年 1 月 1 日起
施行。

交通运输部部长
2015 年 11 月 11 日

第一章 总 则

第一条 为规范农村公路养护管理，促进农村公路可持续健康
发展，根据《公路法》《公路安全保护条例》和国务院相关规定，
制定本办法。

第二条 农村公路的养护管理，适用本办法。

本办法所称农村公路是指纳入农村公路规划，并按照公路工程
技术标准修建的县道、乡道、村道及其所属设施，包括经省级交通
运输主管部门认定并纳入统计年报里程的农村公路。公路包括公路
桥梁、隧道和渡口。

县道是指除国道、省道以外的县际间公路以及连接县级人民政
府所在地与乡级人民政府所在地和主要商品生产、集散地的公路。

乡道是指除县道及县道以上等级公路以外的乡际间公路以及连
接乡级人民政府所在地与建制村的公路。

村道是指除乡道及乡道以上等级公路以外的连接建制村与建制
村、建制村与自然村、建制村与外部的公路，但不包括村内街巷和
农田间的机耕道。

县道、乡道和村道由县级以上人民政府按照农村公路规划的审批权限在规划中予以确定，其命名和编号由省级交通运输主管部门根据国家有关规定确定。

第三条 农村公路养护管理应当遵循以县为主、分级负责、群众参与、保障畅通的原则，按照相关技术规范和操作规程进行，保持路基、边坡稳定，路面、构造物完好，保证农村公路处于良好的技术状态。

第四条 县级人民政府应当按照国务院的规定履行农村公路养护管理的主体责任，建立符合本地实际的农村公路管理体制，落实县、乡（镇）、建制村农村公路养护工作机构和人员，完善养护管理资金财政预算保障机制。

县级交通运输主管部门及其公路管理机构应当建立健全农村公路养护工作机制，执行和落实各项养护管理任务，指导乡道、村道的养护管理工作。

县级以上地方交通运输主管部门及其公路管理机构应当加强农村公路养护管理的监督管理和技术指导，完善对下级交通运输主管部门的目标考核机制。

第五条 鼓励农村公路养护管理应用新技术、新材料、新工艺、新设备，提高农村公路养护管理水平。

第二章　养护资金

第六条 农村公路养护管理资金的筹集和使用应当坚持"政府主导、多元筹资、统筹安排、专款专用、强化监管、绩效考核"的原则。

第七条 农村公路养护管理资金主要来源包括：

（一）各级地方人民政府安排的财政预算资金。包括：公共财政预算资金；省级安排的成品油消费税改革新增收入补助资金；地市、县安排的成品油消费税改革新增收入资金（替代摩托车、拖拉机养路费的基数和增量部分）。

（二）中央补助的专项资金。

（三）村民委员会通过"一事一议"等方式筹集的用于村道养护的资金。

（四）企业、个人等社会捐助，或者通过其他方式筹集的资金。

第八条 各级地方人民政府应当按照国家规定，根据农村公路养护和管理的实际需要，安排必要的公共财政预算，保证农村公路养护管理需要，并随农村公路里程和地方财力增长逐步增加。鼓励有条件的地方人民政府通过提高补助标准等方式筹集农村公路养护管理资金。

第九条 省级人民政府安排的成品油消费税改革新增收入补助资金应当按照国务院规定专项用于农村公路养护工程，不得用于日常保养和人员开支，且补助标准每年每公里不得低于国务院规定的县道 7000 元、乡道 3500 元、村道 1000 元。

经省级交通运输主管部门认定并纳入统计年报里程的农村公路均应当作为补助基数。

第十条 省级交通运输主管部门应当协调建立成品油消费税改革新增收入替代摩托车、拖拉机养路费转移支付资金增长机制，增幅不低于成品油税费改革新增收入的增量资金增长比例。

第十一条 省级交通运输主管部门应当协调建立省级补助资金"以奖代补"或者其他形式的激励机制，充分调动地市、县人民政府加大养护管理资金投入的积极性。

第十二条 县级交通运输主管部门应当统筹使用好上级补助资金和其他各类资金，努力提高资金使用效益，不断完善资金监管和激励制度。

第十三条 企业和个人捐助的资金，应当在尊重捐助企业和个人意愿的前提下，由接受捐赠单位统筹安排用于农村公路养护。

村民委员会通过"一事一议"筹集养护资金，由村民委员会统筹安排专项用于村道养护。

第十四条 农村公路养护资金应当实行独立核算，专款专用，禁止截留、挤占或者挪用，使用情况接受审计、财政等部门的审计和监督检查。

第三章　养护管理

第十五条　县级交通运输主管部门和公路管理机构应当建立健全农村公路养护质量检查、考核和评定制度，建立健全质量安全保证体系和信用评价体系，加强检查监督，确保工程质量和安全。

第十六条　农村公路养护按其工程性质、技术复杂程度和规模大小，分为小修保养、中修、大修、改建。

养护计划应当结合通行安全和社会需求等因素，按照轻重缓急，统筹安排。

大中修和改建工程应按有关规范和标准进行设计，履行相关管理程序，并按照有关规定进行验收。

第十七条　农村公路养护应当逐步向规范化、专业化、机械化、市场化方向发展。

第十八条　县级交通运输主管部门和公路管理机构要优化现有农村公路养护道班和工区布局，扩大作业覆盖面，提升专业技能，充分发挥其在公共服务、应急抢险和日常养护与管理中的作用。

鼓励将日常保养交由公路沿线村民负责，采取个人、家庭分段承包等方式实施，并按照优胜劣汰的原则，逐步建立相对稳定的群众性养护队伍。

第十九条　农村公路养护应逐步推行市场化，实行合同管理，计量支付，并充分发挥信用评价的作用，择优选定养护作业单位。

鼓励从事公路养护的事业单位和社会力量组建养护企业，参与养护市场竞争。

第二十条　各级地方交通运输主管部门和公路管理机构要完善农村公路养护管理信息系统和公路技术状况统计更新制度，加快决策科学化和管理信息化进程。

第二十一条　县级交通运输主管部门和公路管理机构应当定期

组织开展农村公路技术状况评定，县道和重要乡道评定频率每年不少于一次，其他公路在五年规划期内不少于两次。

路面技术状况评定宜采用自动化快速检测设备。有条件的地区在五年规划期内，县道评定频率应当不低于两次，乡道、村道应当不低于一次。

第二十二条 省级交通运输主管部门要以《公路技术状况评定标准》为基础，制定符合本辖区实际的农村公路技术状况评定标准，省、地市级交通运输主管部门应当定期组织对评定结果进行抽查。

第二十三条 地方各级交通运输主管部门和公路管理机构应当将公路技术状况评定结果作为养护质量考核的重要指标，并建立相应的奖惩机制。

第二十四条 农村公路养护作业单位和人员应当按照《公路安全保护条例》规定和相关技术规范要求开展养护作业，采取有效措施，确保施工安全、交通安全和工程质量。

农村公路养护作业单位应当完善养护质量和安全制度，加强作业人员教育和培训。

第二十五条 负责农村公路日常养护的单位或者个人应当按合同规定定期进行路况巡查，发现突发损坏、交通中断或者路产路权案件等影响公路运行的情况时，及时按有关规定处理和上报。

农村公路发生严重损坏或中断时，县级交通运输主管部门和公路管理机构应当在当地政府的统一领导下，组织及时修复和抢通。难以及时恢复交通的，应当设立醒目的警示标志，并告知绕行路线。

第二十六条 大型建设项目在施工期间需要使用农村公路的，应当按照指定线路行驶，符合荷载标准。对公路造成损坏的应当进行修复或者依法赔偿。

第二十七条 县、乡级人民政府应当依据有关规定对农村公路养护需要的挖砂、采石、取土以及取水给予支持和协助。

第二十八条　县级人民政府应当按照《公路法》《公路安全保护条例》的有关规定组织划定农村公路用地和建筑控制区。

第二十九条　县级交通运输主管部门和公路管理机构应在当地人民政府统一领导下，大力整治农村公路路域环境，加强绿化美化，逐步实现田路分家、路宅分家，努力做到路面整洁无杂物，排水畅通无淤积，打造畅安舒美的农村公路通行环境。

第四章　法律责任

第三十条　违反本办法规定，在筹集或者使用农村公路养护资金过程中，强制向单位和个人集资或者截留、挤占、挪用资金等违规行为的，由有关交通运输主管部门或者由其向地方人民政府建议对责任单位进行通报批评，限期整改；情节严重的，对责任人依法给予行政处分。

第三十一条　违反本办法规定，不按规定对农村公路进行养护的，由有关交通运输主管部门或者由其向地方人民政府建议对责任单位进行通报批评，限期整改；情节严重的，停止补助资金拨付，依法对责任人给予行政处分。

第三十二条　违反本办法其他规定，由县级交通运输主管部门或者公路管理机构按照《公路法》《公路安全保护条例》相关规定进行处罚。

第五章　附　则

第三十三条　本办法自2016年1月1日起施行。交通运输部于2008年4月发布的《农村公路管理养护暂行办法》（交公路发〔2008〕43号）同时废止。

中华人民共和国河道管理条例

中华人民共和国国务院令

第 687 号

现公布《国务院关于修改部分行政法规的决定》，自公布之日起施行。

总 理 李克强

2017 年 10 月 7 日

（1988 年 6 月 3 日国务院第 7 次常务会议通过；1988 年 6 月 10 日中华人民共和国国务院令第 3 号公布；根据 2011 年 1 月 8 日《国务院关于废止和修改部分行政法规的决定》第一次修订；根据 2017 年 3 月 1 日中华人民共和国国务院令第 676 号修改；根据 2017 年 10 月 7 日中华人民共和国国务院令第 687 号修改）

第一章 总 则

第一条 为加强河道管理，保障防洪安全，发挥江河湖泊的综合效益，根据《中华人民共和国水法》，制定本条例。

第二条 本条例适用于中华人民共和国领域内的河道（包括湖泊、人工水道、行洪区、蓄洪区、滞洪区）。

河道内的航道，同时适用《中华人民共和国航道管理条例》。

第三条 开发利用江河湖泊水资源和防治水害，应当全面规划、统筹兼顾、综合利用、讲求效益，服从防洪的总体安排，促进各项事业的发展。

第四条 国务院水利行政主管部门是全国河道的主管机关。

各省、自治区、直辖市的水利行政主管部门是该行政区域的河道主管机关。

第五条 国家对河道实行按水系一管理和分级管理相结合的原则。

长江、黄河、淮河、海河、珠江、松花江、辽河等大江大河的主要河段，跨省、自治区、直辖市的重要河段，省、自治区、直辖市之间的边界河道以及国境边界河道，由国家授权的江河流域管理机构实施管理，或者由上述江河所在省、自治区、直辖市的河道主管机关根据流域统一规划实施管理。其他河道由省、自治区、直辖市或者市、县的河道主管机关实施管理。

第六条 河道划分等级。河道等级标准由国务院水利行政主管部门制定。

第七条 河道防汛和清障工作实行地方人民政府行政首长负责制。

第八条 各级人民政府河道主管机关以及河道监理人员，必须按照国家法律、法规，加强河道管理，执行供水计划和防洪调度命令，维护水工程和人民生命财产安全。

第九条 一切单位和个人都有保护河道堤防安全和参加防汛抢险的义务。

第二章 河道整治与建设

第十条 河道的整治与建设，应当服从流域综合规划，符合国家规定的防洪标准、通航标准和其他有关技术要求，维护堤防安全，保持河势稳定和行洪、航运通畅。

第十一条 修建开发水利、防治水害、整治河道的各类工程和跨河、穿河、穿堤、临河的桥梁、码头、道路、渡口、管道、缆线等建筑物及设施，建设单位必须按照河道管理权限，将工程建设方案报送河道主管机关审查同意后，方可按照基本建设程序履行审批手续。

建设项目经批准后，建设单位应当将施工安排告知河道主管机关。

第十二条 修建桥梁、码头和其他设施，必须按照国家规定的防洪标准所确定的河宽进行，不得缩窄行洪通道。

桥梁和栈桥的梁底必须高于设计洪水位，并按照防洪和航运的要求，留有一定的超高。设计洪水位由河道主管机关根据防洪规划确定。

跨越河道的管道、线路的净空高度必须符合防洪和航运的要求。

第十三条 交通部门进行航道整治，应当符合防洪安全要求，并事先征求河道主管机关对有关设计和计划的意见。

水利部门进行河道整治，涉及航道的，应当兼顾航运的需要，并事先征求交通部门对有关设计和计划的意见。

在国家规定可以流放竹木的河流和重要的渔业水域进行河道、航道整治，建设单位应当兼顾竹木水运和渔业发展的需要，并事先将有关设计和计划送同级林业、渔业主管部门征求意见。

第十四条 堤防上已修建的涵闸、泵站和埋设的穿堤管道、缆线等建筑物及设施，河道主管机关应当定期检查，对不符合工程安全要求的，限期改建。

在堤防上新建前款所指建筑物及设施，应当服从河道主管机关的安全管理。

第十五条 确需利用堤顶或者戗台兼做公路的，须经上级河道主管机关批准。堤身和堤顶公路的管理和维护办法，由河道主管机关商交通部门制定。

第十六条　城镇建设和发展不得占用河道滩地。城镇规划的临河界限，由河道主管机关会同城镇规划等有关部门确定。沿河城镇在编制和审查城镇规划时，应当事先征求河道主管机关的意见。

第十七条　河道岸线的利用和建设，应当服从河道整治规划和航道整治规划。计划部门在审批利用河道岸线的建设项目时，应当事先征求河道主管机关的意见。

河道岸线的界限，由河道主管机关会同交通等有关部门报县级以上地方人民政府划定。

第十八条　河道清淤和加固堤防取土以及按照防洪规划进行河道整治需要占用的土地，由当地人民政府调剂解决。

因修建水库、整治河道所增加的可利用土地，属于国家所有，可以由县级以上人民政府用于移民安置和河道整治工程。

第十九条　省、自治区、直辖市以河道为边界的，在河道两岸外侧各 10 公里之内，以及跨省、自治区、直辖市的河道，未经有关各方达成协议或者国务院水利行政主管部门批准，禁止单方面修建排水、阻水、引水、蓄水工程以及河道整治工程。

第三章　河道保护

第二十条　有堤防的河道，其管理范围为两岸堤防之间的水域、沙洲、滩地（包括可耕地）、行洪区，两岸堤防及护堤地。

无堤防的河道，其管理范围根据历史最高洪水位或者设计洪水位确定。

河道的具体管理范围，由县级以上地方人民政府负责划定。

第二十一条　在河道管理范围内，水域和土地的利用应当符合江河行洪、输水和航运的要求；滩地的利用，应当由河道主管机关会同土地管理等有关部门制定规划，报县级以上地方人民政府批准后实施。

第二十二条　禁止损毁堤防、护岸、闸坝等水工程建筑物和防汛设施、水文监测和测量设施、河岸地质监测设施以及通信照明等设施。

在防汛抢险期间，无关人员和车辆不得上堤。

因降雨雪等造成堤顶泥泞期间，禁止车辆通行，但防汛抢险车辆除外。

第二十三条　禁止非管理人员操作河道上的涵闸闸门，禁止任何组织和个人干扰河道管理单位的正常工作。

第二十四条　在河道管理范围内，禁止修建围堤、阻水渠道、阻水道路；种植高杆农作物、芦苇、杞柳、荻柴和树木（堤防防护林除外）；设置拦河渔具；弃置矿渣、石渣、煤灰、泥土、垃圾等。

在堤防和护堤地，禁止建房、放牧、开渠、打井、挖窖、葬坟、晒粮、存放物料、开采地下资源、进行考古发掘以及开展集市贸易活动。

第二十五条　在河道管理范围内进行下列活动，必须报经河道主管机关批准；涉及其他部门的，由河道主管机关会同有关部门批准：

（一）采砂、取土、淘金、弃置砂石或者淤泥；

（二）爆破、钻探、挖筑鱼塘；

（三）在河道滩地存放物料、修建厂房或者其他建筑设施；

（四）在河道滩地开采地下资源及进行考古发掘。

第二十六条　根据堤防的重要程度、堤基土质条件等，河道主管机关报经县级以上人民政府批准，可以在河道管理范围的相连地域划定堤防安全保护区。在堤防安全保护区内，禁止进行打井、钻探、爆破、挖筑鱼塘、采石、取土等危害堤防安全的活动。

第二十七条　禁止围湖造田。已经围垦的，应当按照国家规定的防洪标准进行治理，逐步退田还湖。湖泊的开发利用规划必须经河道主管机关审查同意。

禁止围垦河流，确需围垦的，必须经过科学论证，并经省级以上人民政府批准。

第二十八条 加强河道滩地、堤防和河岸的水土保持工作，防止水土流失、河道淤积。

第二十九条 江河的故道、旧堤、原有工程设施等，非经河道主管机关批准，不得填堵、占用或者拆毁。

第三十条 护堤护岸林木，由河道管理单位组织营造和管理，其他任何单位和个人不得侵占、砍伐或者破坏。

河道管理单位对护堤护岸林木进行抚育和更新性质的采伐及用于防汛抢险的采伐，根据国家有关规定免交育林基金。

第三十一条 在为保证堤岸安全需要限制航速的河段，河道主管机关应当会同交通部门设立限制航速的标志，通行的船舶不得超速行驶。

在汛期，船舶的行驶和停靠必须遵守防汛指挥部的规定。

第三十二条 山区河道有山体滑坡、崩岸、泥石流等自然灾害的河段，河道主管机关应当会同地质、交通等部门加强监测。在上述河段，禁止从事开山采石、采矿、开荒等危及山体稳定的活动。

第三十三条 在河道中流放竹木，不得影响行洪、航运和水工程安全，并服从当地河道主管机关的安全管理。

在汛期，河道主管机关有权对河道上的竹木和其他漂流物进行紧急处置。

第三十四条 向河道、湖泊排污的排污口的设置和扩大，排污单位在向环境保护部门申报之前，应当征得河道主管机关的同意。

第三十五条 在河道管理范围内，禁止堆放、倾倒、掩埋、排放污染水体的物体。禁止在河道内清洗装贮过油类或者有毒污染物的车辆、容器。

河道主管机关应当开展河道水质监测工作，协同环境保护部门对水污染防治实施监督管理。

第四章　河道清障

第三十六条　对河道管理范围内的阻水障碍物，按照"谁设障，谁清除"的原则，由河道主管机关提出清障计划和实施方案，由防汛指挥部责令设障者在规定的期限内清除。逾期不清除的，由防汛指挥部组织强行清除，并由设障者负担全部清障费用。

第三十七条　对壅水、阻水严重的桥梁、引道、码头和其他跨河工程设施，根据国家规定的防洪标准，由河道主管机关提出意见并报经人民政府批准，责成原建设单位在规定的期限内改建或者拆除。汛期影响防洪安全的，必须服从防汛指挥部的紧急处理决定。

第五章　经　费

第三十八条　河道堤防的防汛岁修费，按照分级管理的原则，分别由中央财政和地方财政负担，列入中央和地方年度财政预算。

第三十九条　受益范围明确的堤防、护岸、水闸、圩垸、海塘和排涝工程设施，河道主管机关可以向受益的工商企业等单位和农户收取河道工程修建维护管理费，其标准应当根据工程修建和维护管理费用确定。收费的具体标准和计收办法由省、自治区、直辖市人民政府制定。

第四十条　在河道管理范围内采砂、取土、淘金，必须按照经批准的范围和作业方式进行，并向河道主管机关缴纳管理费。收费的标准和计收办法由国务院水利行政主管部门会同国务院财政主管部门制定。

第四十一条　任何单位和个人，凡对堤防、护岸和其他水工程设施造成损坏或者造成河道淤积的，由责任者负责修复、清淤或者承担维修费用。

第四十二条　河道主管机关收取的各项费用，用于河道堤防工程的建设、管理、维修和设施的更新改造。结余资金可以连年结转使用，任何部门不得截取或者挪用。

第四十三条 河道两岸的城镇和农村，当地县级以上人民政府可以在汛期组织堤防保护区域内的单位和个人义务出工，对河道堤防工程进行维修和加固。

第六章 罚 则

第四十四条 违反本条例规定，有下列行为之一的，县级以上地方人民政府河道主管机关除责令其纠正违法行为、采取补救措施外，可以并处警告、罚款、没收非法所得；对有关责任人员，由其所在单位或者上级主管机关给予行政处分；构成犯罪的，依法追究刑事责任：

（一）在河道管理范围内弃置、堆放阻碍行洪物体的；种植阻碍行洪的林木或者高秆植物的；修建围堤、阻水渠道、阻水道路的；

（二）在堤防、护堤地建房、放牧、开渠、打井、挖窖、葬坟、晒粮、存放物料、开采地下资源、进行考古发掘以及开展集市贸易活动的；

（三）未经批准或者不按照国家规定的防洪标准、工程安全标准整治河道或者修建水工程建筑物和其他设施的；

（四）未经批准或者不按照河道主管机关的规定在河道管理范围内采砂、取土、淘金、弃置砂石或者淤泥、爆破、钻探、挖筑鱼塘的；

（五）未经批准在河道滩地存放物料、修建厂房或者其他建筑设施，以及开采地下资源或者进行考古发掘的；

（六）违反本条例第二十七条的规定，围垦湖泊、河流的；

（七）擅自砍伐护堤护岸林木的；

（八）汛期违反防汛指挥部的规定或者指令的。

第四十五条　违反本条例规定，有下列行为之一的，县级以上地方人民政府河道主管机关除责令其纠正违法行为、赔偿损失、采取补救措施外，可以并处警告、罚款；应当给予治安管理处罚的，按照《中华人民共和国治安管理处罚法》的规定处罚；构成犯罪的，依法追究刑事责任：

（一）损毁堤防、护岸、闸坝、水工程建筑物，损毁防汛设施、水文监测和测量设施、河岸地质监测设施以及通信照明等设施；

（二）在堤防安全保护区内进行打井、钻探、爆破、挖筑鱼塘、采石、取土等危害堤防安全的活动的；

（三）非管理人员操作河道上的涵闸闸门或者干扰河道管理单位正常工作的。

第四十六条　当事人对行政处罚决定不服的，可以在接到处罚通知之日起 15 日内，向作出处罚决定的机关的上一级机关申请复议，对复议决定不服的，可以在接到复议决定之日起 15 日内，向人民法院起诉。当事人也可以在接到处罚通知之日起 15 日内，直接向人民法院起诉。当事人逾期不申请复议或者不向人民法院起诉又不履行处罚决定的，由作出处罚决定的机关申请人民法院强制执行。对治安管理处罚不服的，按照《中华人民共和国治安管理处罚法》的规定办理。

第四十七条　对违反本条例规定，造成国家、集体、个人经济损失的，受害方可以请求县级以上河道主管机关处理。受害方也可以直接向人民法院起诉。

当事人对河道主管机关的处理决定不服的，可以在接到通知之日起，15 日内向人民法院起诉。

第四十八条　河道主管机关的工作人员以及河道监理人员玩忽职守、滥用职权、徇私舞弊的，由其所在单位或者上级主管机关给予行政处分；对公共财产、国家和人民利益造成重大损失的，依法追究刑事责任。

第七章 附 则

第四十九条 各省、自治区、直辖市人民政府，可以根据本条例的规定，结合本地区的实际情况，制定实施办法。

第五十条 本条例由国务院水利行政主管部门负责解释。

第五十一条 本条例自发布之日起施行。

附　录

小型水库安全管理办法

水利部关于印发《小型水库安全管理办法》的通知

水安监〔2010〕200 号

部机关各司局，部直属各单位，各省、自治区、直辖市水利（水务）厅（局），各计划单位列市水利（水务）局，新疆生产建设兵团水利局：

为加强小型水库安全管理，指导和规范小型水库安全管理工作，确保小型水库工程安全运行，保障人民生命财产安全，根据《中华人民共和国水法》、《中华人民共和国防洪法》、《中华人民共和国安全生产法》和《水库大坝安全管理条例》等有关法律法规，我部组织制定了《小型水库安全管理办法》，现印发给你们，请结合实际，认真贯彻执行。

中华人民共和国水利部

2010 年 5 月 31 日

第一章　总　则

第一条　为加强小型水库安全管理，确保工程安全运行，保障人民生命财产安全，依据《水法》、《防洪法》、《安全生产法》和《水库大坝安全管理条例》等法律、法规，制定本办法。

第二条　本办法适用于总库容 10 万立方米以上、1000 万立方米以下（不含）的小型水库安全管理。

第三条　小型水库安全管理实行地方人民政府行政首长负责制。

第四条　小型水库安全管理责任主体为相应的地方人民政府、水行政主管部门、水库主管部门（或业主）以及水库管理单位。

农村集体经济组织所属小型水库安全的主管部门职责由所在地乡、镇人民政府承担。

第五条　县级水行政主管部门会同有关主管部门对辖区内小型水库安全实施监督，上级水行政主管部门应加强对小型水库安全监督工作的指导。

第六条　小型水库防汛安全管理按照防汛管理有关规定执行，并服从防汛指挥机构的指挥调度。

第七条　小型水库安全管理工作贯彻"安全第一、预防为主、综合治理"的方针，任何单位和个人都有依法保护小型水库安全的义务。

第二章　管理责任

第八条　地方人民政府负责落实本行政区域内小型水库安全行政管理责任人，并明确其职责，协调有关部门做好小型水库安全管理工作，落实管理经费，划定工程管理范围与保护范围，组织重大安全事故应急处置。

第九条　县级以上水行政主管部门负责建立小型水库安全监督管理规章制度，组织实施安全监督检查，负责注册登记资料汇总工作，对管理（管护）人员进行技术指导与安全培训。

第十条　水库主管部门（或业主）负责所属小型水库安全管理，明确水库管理单位或管护人员，制定并落实水库安全管理各项制度，筹措水库管理经费，对所属水库大坝进行注册登记，申请划定工程管理范围与保护范围，督促水库管理单位或管护人员履行职责。

第十一条　水库管理单位或管护人员按照水库管理制度要求，

实施水库调度运用，开展水库日常安全管理与工程维护，进行大坝安全巡视检查，报告大坝安全情况。

第十二条 小型水库租赁、承包或从事其他经营活动不得影响水库安全管理工作。租赁、承包后的小型水库安全管理责任仍由原水库主管部门（或业主）承担，水库承租人应协助做好水库安全管理有关工作。

第三章 工程设施

第十三条 小型水库工程建筑物应满足安全运用要求，不满足要求的应依据有关管理办法和技术标准进行改造、加固，或采取限制运用的措施。

第十四条 挡水建筑物顶高程应满足防洪安全及调度运用要求，大坝结构、渗流及抗震安全符合有关规范规定，近坝库岸稳定。

第十五条 泄洪建筑物要满足防洪安全运用要求。对调蓄能力差的小型水库，应设置具有足够泄洪能力的溢洪道或其他泄洪设施，下游泄洪通道应保持畅通。泄洪建筑物的结构及抗震安全应符合有关规范规定，控制设施应满足安全运用要求。

第十六条 放水建筑物的结构及抗震安全应符合有关规范规定。对下游有重要影响的小型水库，放水建筑物应满足紧急情况下降低水库水位的要求。

第十七条 小型水库应有到达枢纽主要建筑物的必要交通条件，配备必要的管理用房。防汛道路应到达坝肩或坝下，道路标准应满足防汛抢险要求。

第十八条 小型水库应配备必要的通信设施，满足汛期报汛或紧急情况下报警的要求。对重要小型水库应具备两种以上的有效通信手段，其他小型水库应具备一种以上的有效通信手段。

第四章 管理措施

第十九条 对重要小型水库，水库主管部门（或业主）应明确水库管理单位；其他小型水库应有专人管理，明确管护人员。小型水库管理（管护）人员应参加水行政主管部门组织的岗位技术培训。

第二十条 小型水库应建立调度运用、巡视检查、维修养护、防汛抢险、闸门操作、技术档案等管理制度并严格执行。

第二十一条 水库主管部门（或业主）应根据水库情况编制调度运用方案，按有关规定报批并严格执行。

第二十二条 水库管理单位或管护人员应按照有关规定开展日常巡视检查，重点检查水库水位、渗流和主要建筑物工况等，做好工程安全检查记录、分析、报告和存档等工作。重要小型水库应设置必要的安全监测设施。

第二十三条 水库主管部门（或业主）应按规定组织所属小型水库工程开展维修养护，对枢纽建筑物、启闭设备及备用电源等加强检查维护，对影响大坝安全的白蚁危害等安全隐患及时进行处理。

第二十四条 水库主管部门（或业主）应按规定组织所属小型水库进行大坝安全鉴定。对存在病险的水库应采取有效措施，限期消除安全隐患，确保水库大坝安全。水行政主管部门应根据水库病险情况决定限制水位运行或空库运行。对符合降等或报废条件的小型水库按规定实施降等或报废。

第二十五条 重要小型水库应建立工程基本情况、建设与改造、运行与维护、检查与观测、安全鉴定、管理制度等技术档案，对存在问题或缺失的资料应查清补齐。其他小型水库应加强技术资料积累与管理。

第五章　应急管理

第二十六条 水库主管部门（或业主）应组织所属小型水库编制大坝安全管理应急预案，报县级以上水行政主管部门备案；大坝安全管理应急预案应与防汛抢险应急预案协调一致。

第二十七条　水库管理单位或管护人员发现大坝险情时应立即报告水库主管部门（或业主）、地方人民政府，并加强观测，及时发出警报。

第二十八条　水库主管部门（或业主）应结合防汛抢险需要，成立应急抢险与救援队伍，储备必要的防汛抢险与应急救援物料器材。

第二十九条　地方人民政府、水行政主管部门、水库主管部门（或业主）应加强对应急预案的宣传，按照应急预案中确定的撤离信号、路线、方式及避难场所，适时组织群众进行撤离演练。

第六章　监督检查

第三十条　县级以上水行政主管部门应会同有关主管部门对小型水库安全责任制、机构人员、工程设施、管理制度、应急预案等落实情况进行监督检查，掌握辖区内小型水库安全总体状况，对存在问题提出整改要求，对重大安全隐患实行挂牌督办，督促水库主管部门（或业主）改进小型水库安全管理。

第三十一条　水库主管部门（或业主）应对存在的安全隐患明确治理责任，落实治理经费，按要求进行整改，限期消除安全隐患。

第三十二条　县级以上水行政主管部门每年应汇总小型水库安全监督检查和隐患整改资料信息，报上级水行政主管部门备案。县级以上水行政主管部门应督促并指导水库主管部门（或业主）加强工程管理范围与保护范围内有关活动的安全管理。

第七章　附　则

第三十三条　本办法自公布之日起施行。

取水许可和水资源费征收管理条例

中华人民共和国国务院令

第 676 号

现公布《国务院关于修改和废止部分行政法规的决定》，自公布之日起施行。

总理 李克强

2017 年 3 月 1 日

（2006 年 1 月 24 日国务院第 123 次常务会议通过，由中华人民共和国国务院令第 460 号公布；根据 2017 年 3 月 1 日中华人民共和国国务院令第 676 号修改）

第一章 总 则

第一条 为加强水资源管理和保护，促进水资源的节约与合理开发利用，根据《中华人民共和国水法》，制定本条例。

第二条 本条例所称取水，是指利用取水工程或者设施直接从江河、湖泊或者地下取用水资源。

取用水资源的单位和个人，除本条例第四条规定的情形外，都应当申请领取取水许可证，并缴纳水资源费。

本条例所称取水工程或者设施，是指闸、坝、渠道、人工河道、虹吸管、水泵、水井以及水电站等。

第三条 县级以上人民政府水行政主管部门按照分级管理权限，负责取水许可制度的组织实施和监督管理。

国务院水行政主管部门在国家确定的重要江河、湖泊设立的流域管理机构（以下简称流域管理机构），依照本条例规定和国务院水行政主管部门授权，负责所管辖范围内取水许可制度的组织实施和监督管理。

县级以上人民政府水行政主管部门、财政部门和价格主管部门依照本条例规定和管理权限，负责水资源费的征收、管理和监督。

第四条 下列情形不需要申请领取取水许可证：

（一）农村集体经济组织及其成员使用本集体经济组织的水塘、水库中的水的；

（二）家庭生活和零星散养、圈养畜禽饮用等少量取水的；

（三）为保障矿井等地下工程施工安全和生产安全必须进行临时应急取（排）水的；

（四）为消除对公共安全或者公共利益的危害临时应急取水的；

（五）为农业抗旱和维护生态与环境必须临时应急取水的。

前款第（二）项规定的少量取水的限额，由省、自治区、直辖市人民政府规定；第（三）项、第（四）项规定的取水，应当及时报县级以上地方人民政府水行政主管部门或者流域管理机构备案；第（五）项规定的取水，应当经县级以上人民政府水行政主管部门或者流域管理机构同意。

第五条 取水许可应当首先满足城乡居民生活用水，并兼顾农业、工业、生态与环境用水以及航运等需要。

省、自治区、直辖市人民政府可以依照本条例规定的职责权限，在同一流域或者区域内，根据实际情况对前款各项用水规定具体的先后顺序。

第六条 实施取水许可必须符合水资源综合规划、流域综合规划、水中长期供求规划和水功能区划，遵守依照《中华人民共和国水法》规定批准的水量分配方案；尚未制定水量分配方案的，应当遵守有关地方人民政府间签订的协议。

第七条 实施取水许可应当坚持地表水与地下水统筹考虑，开源与节流相结合、节流优先的原则，实行总量控制与定额管理相结合。流域内批准取水的总耗水量不得超过本流域水资源可利用量。

行政区域内批准取水的总水量，不得超过流域管理机构或者上一级水行政主管部门下达的可供本行政区域取用的水量；其中，批准取用地下水的总水量，不得超过本行政区域地下水可开采量，并应当符合地下水开发利用规划的要求。制定地下水开发利用规划应当征求国土资源主管部门的意见。

第八条 取水许可和水资源费征收管理制度的实施应当遵循公开、公平、公正、高效和便民的原则。

第九条任何单位和个人都有节约和保护水资源的义务。

对节约和保护水资源有突出贡献的单位和个人，由县级以上人民政府给予表彰和奖励。

第二章　取水的申请和受理

第十条 申请取水的单位或者个人（以下简称申请人），应当向具有审批权限的审批机关提出申请。申请利用多种水源，且各种水源的取水许可审批机关不同的，应当向其中最高一级审批机关提出申请。

取水许可权限属于流域管理机构的，应当向取水口所在地的省、自治区、直辖市人民政府水行政主管部门提出申请。省、自治区、直辖市人民政府水行政主管部门，应当自收到申请之日起20个工作日内提出意见，并连同全部申请材料转报流域管理机构；流域管理机构收到后，应当依照本条例第十三条的规定作出处理。

第十一条 申请取水应当提交下列材料：

（一）申请书；

（二）与第三者利害关系的相关说明；

（三）属于备案项目的，提供有关备案材料；

（四）国务院水行政主管部门规定的其他材料。

建设项目需要取水的，申请人还应当提交建设项目水资源论证报告书。论证报告书应当包括取水水源、用水合理性以及对生态与环境的影响等内容。

第十二条　申请书应当包括下列事项：

（一）申请人的名称（姓名）、地址；

（二）申请理由；

（三）取水的起始时间及期限；

（四）取水目的、取水量、年内各月的用水量等；

（五）水源及取水地点；

（六）取水方式、计量方式和节水措施；

（七）退水地点和退水中所含主要污染物以及污水处理措施；

（八）国务院水行政主管部门规定的其他事项。

第十三条　县级以上地方人民政府水行政主管部门或者流域管理机构，应当自收到取水申请之日起 5 个工作日内对申请材料进行审查，并根据下列不同情形分别作出处理：

（一）申请材料齐全、符合法定形式、属于本机关受理范围的，予以受理；

（二）提交的材料不完备或者申请书内容填注不明的，通知申请人补正；

（三）不属于本机关受理范围的，告知申请人向有受理权限的机关提出申请。

第三章　取水许可的审查和决定

第十四条　取水许可实行分级审批。

下列取水由流域管理机构审批：

（一）长江、黄河、淮河、海河、滦河、珠江、松花江、辽河、金沙江、汉江的干流和太湖以及其他跨省、自治区、直辖市河流、湖泊的指定河段限额以上的取水；

（二）国际跨界河流的指定河段和国际边界河流限额以上的取水；

（三）省际边界河流、湖泊限额以上的取水；

（四）跨省、自治区、直辖市行政区域的取水；

（五）由国务院或者国务院投资主管部门审批、核准的大型建设项目的取水；

（六）流域管理机构直接管理的河道（河段）、湖泊内的取水。

前款所称的指定河段和限额以及流域管理机构直接管理的河道（河段）、湖泊，由国务院水行政主管部门规定。

其他取水由县级以上地方人民政府水行政主管部门按照省、自治区、直辖市人民政府规定的审批权限审批。

第十五条 批准的水量分配方案或者签订的协议是确定流域与行政区域取水许可总量控制的依据。

跨省、自治区、直辖市的江河、湖泊，尚未制定水量分配方案或者尚未签订协议的，有关省、自治区、直辖市的取水许可总量控制指标，由流域管理机构根据流域水资源条件，依据水资源综合规划、流域综合规划和水中长期供求规划，结合各省、自治区、直辖市取水现状及供需情况，商有关省、自治区、直辖市人民政府水行政主管部门提出，报国务院水行政主管部门批准；设区的市、县（市）行政区域的取水许可总量控制指标，由省、自治区、直辖市人民政府水行政主管部门依据本省、自治区、直辖市取水许可总量控制指标，结合各地取水现状及供需情况制定，并报流域管理机构备案。

第十六条 按照行业用水定额核定的用水量是取水量审批的主要依据。

省、自治区、直辖市人民政府水行政主管部门和质量监督检验管理部门对本行政区域行业用水定额的制定负责指导并组织实施。

尚未制定本行政区域行业用水定额的，可以参照国务院有关行业主管部门制定的行业用水定额执行。

第十七条 审批机关受理取水申请后，应当对取水申请材料进行全面审查，并综合考虑取水可能对水资源的节约保护和经济社会发展带来的影响，决定是否批准取水申请。

第十八条 审批机关认为取水涉及社会公共利益需要听证的，

应当向社会公告，并举行听证。

取水涉及申请人与他人之间重大利害关系的，审批机关在作出是否批准取水申请的决定前，应当告知申请人、利害关系人。申请人、利害关系人要求听证的，审批机关应当组织听证。

因取水申请引起争议或者诉讼的，审批机关应当书面通知申请人中止审批程序；争议解决或者诉讼终止后，恢复审批程序。

第十九条 审批机关应当自受理取水申请之日起 45 个工作日内决定批准或者不批准。决定批准的，应当同时签发取水申请批准文件。

对取用城市规划区地下水的取水申请，审批机关应当征求城市建设主管部门的意见，城市建设主管部门应当自收到征求意见材料之日起 5 个工作日内提出意见并转送取水审批机关。

本条第一款规定的审批期限，不包括举行听证和征求有关部门意见所需的时间。

第二十条 有下列情形之一的，审批机关不予批准，并在作出不批准的决定时，书面告知申请人不批准的理由和依据：

（一）在地下水禁采区取用地下水的；

（二）在取水许可总量已经达到取水许可控制总量的地区增加取水量的；

（三）可能对水功能区水域使用功能造成重大损害的；

（四）取水、退水布局不合理的；

（五）城市公共供水管网能够满足用水需要时，建设项目自备取水设施取用地下水的；

（六）可能对第三者或者社会公共利益产生重大损害的；

（七）属于备案项目，未报送备案的；

（八）法律、行政法规规定的其他情形。

审批的取水量不得超过取水工程或者设施设计的取水量。

第二十一条 取水申请经审批机关批准，申请人方可兴建取水工程或者设施。

第二十二条 取水申请批准后 3 年内，取水工程或者设施未开工建设，或者需由国家审批、核准的建设项目未取得国家审批、核准的，取水申请批准文件自行失效。

建设项目中取水事项有较大变更的，建设单位应当重新进行建设项目水资源论证，并重新申请取水。

第二十三条 取水工程或者设施竣工后，申请人应当按照国务院水行政主管部门的规定，向取水审批机关报送取水工程或者设施试运行情况等相关材料；经验收合格的，由审批机关核发取水许可证。

直接利用已有的取水工程或者设施取水的，经审批机关审查合格，发给取水许可证。

审批机关应当将发放取水许可证的情况及时通知取水口所在地县级人民政府水行政主管部门，并定期对取水许可证的发放情况予以公告。

第二十四条 取水许可证应当包括下列内容：

（一）取水单位或者个人的名称（姓名）；

（二）取水期限；

（三）取水量和取水用途；

（四）水源类型；

（五）取水、退水地点及退水方式、退水量。

前款第（三）项规定的取水量是在江河、湖泊、地下水多年平均水量情况下允许的取水单位或者个人的最大取水量。

取水许可证由国务院水行政主管部门统一制作，审批机关核发取水许可证只能收取工本费。

第二十五条 取水许可证有效期限一般为 5 年，最长不超过 10 年。有效期届满，需要延续的，取水单位或者个人应当在有效期届满 45 日前向原审批机关提出申请，原审批机关应当在有效期届满前，作出是否延续的决定。

第二十六条 取水单位或者个人要求变更取水许可证载明的事

项的，应当依照本条例的规定向原审批机关申请，经原审批机关批准，办理有关变更手续。

第二十七条 依法获得取水权的单位或者个人，通过调整产品和产业结构、改革工艺、节水等措施节约水资源的，在取水许可的有效期和取水限额内，经原审批机关批准，可以依法有偿转让其节约的水资源，并到原审批机关办理取水权变更手续。具体办法由国务院水行政主管部门制定。

第四章 水资源费的征收和使用管理

第二十八条 取水单位或者个人应当缴纳水资源费。

取水单位或者个人应当按照经批准的年度取水计划取水。超计划或者超定额取水的，对超计划或者超定额部分累进收取水资源费。

水资源费征收标准由省、自治区、直辖市人民政府价格主管部门会同同级财政部门、水行政主管部门制定，报本级人民政府批准，并报国务院价格主管部门、财政部门和水行政主管部门备案。其中，由流域管理机构审批取水的中央直属和跨省、自治区、直辖市水利工程的水资源费征收标准，由国务院价格主管部门会同国务院财政部门、水行政主管部门制定。

第二十九条 制定水资源费征收标准，应当遵循下列原则：

（一）促进水资源的合理开发、利用、节约和保护；

（二）与当地水资源条件和经济社会发展水平相适应；

（三）统筹地表水和地下水的合理开发利用，防止地下水过量开采；

（四）充分考虑不同产业和行业的差别。

第三十条 各级地方人民政府应当采取措施，提高农业用水效率，发展节水型农业。

农业生产取水的水资源费征收标准应当根据当地水资源条件、农村经济发展状况和促进农业节约用水需要制定。农业生产取水的水资源费征收标准应当低于其他用水的水资源费征收标准，粮食作物的水资源费征收标准应当低于经济作物的水资源费征收标准。农业生产取水的水资源费征收的步骤和范围由省、自治区、直辖市人民政府规定。

第三十一条 水资源费由取水审批机关负责征收；其中，流域管理机构审批的，水资源费由取水口所在地省、自治区、直辖市人民政府水行政主管部门代为征收。

第三十二条 水资源费缴纳数额根据取水口所在地水资源费征收标准和实际取水量确定。

水力发电用水和火力发电贯流式冷却用水可以根据取水口所在地水资源费征收标准和实际发电量确定缴纳数额。

第三十三条 取水审批机关确定水资源费缴纳数额后，应当向取水单位或者个人送达水资源费缴纳通知单，取水单位或者个人应当自收到缴纳通知单之日起7日内办理缴纳手续。

直接从江河、湖泊或者地下取用水资源从事农业生产的，对超过省、自治区、直辖市规定的农业生产用水限额部分的水资源，由取水单位或者个人根据取水口所在地水资源费征收标准和实际取水量缴纳水资源费；符合规定的农业生产用水限额的取水，不缴纳水资源费。取用供水工程的水从事农业生产的，由用水单位或者个人按照实际用水量向供水工程单位缴纳水费，由供水工程单位统一缴纳水资源费；水资源费计入供水成本。

为了公共利益需要，按照国家批准的跨行政区域水量分配方案实施的临时应急调水，由调入区域的取用水的单位或者个人，根据所在地水资源费征收标准和实际取水量缴纳水资源费。

第三十四条 取水单位或者个人因特殊困难不能按期缴纳水资源费的，可以自收到水资源费缴纳通知单之日起7日内向发出缴纳通知单的水行政主管部门申请缓缴；发出缴纳通知单的水行政主管部门应当自收到缓缴申请之日起5个工作日内作出书面决定并通知申请人；期满未作决定的，视为同意。水资源费的缓缴期限最长不得超过 90 日。

第三十五条 征收的水资源费应当按照国务院财政部门的规定分别解缴中央和地方国库。因筹集水利工程基金，国务院对水资源费的提取、解缴另有规定的，从其规定。

第三十六条 征收的水资源费应当全额纳入财政预算，由财政部门按照批准的部门财政预算统筹安排，主要用于水资源的节约、保护和管理，也可以用于水资源的合理开发。

第三十七条 任何单位和个人不得截留、侵占或者挪用水资源费。

审计机关应当加强对水资源费使用和管理的审计监督。

第五章　监督管理

第三十八条 县级以上人民政府水行政主管部门或者流域管理机构应当依照本条例规定，加强对取水许可制度实施的监督管理。

县级以上人民政府水行政主管部门、财政部门和价格主管部门应当加强对水资源费征收、使用情况的监督管理。

第三十九条 年度水量分配方案和年度取水计划是年度取水总量控制的依据，应当根据批准的水量分配方案或者签订的协议，结合实际用水状况、行业用水定额、下一年度预测来水量等制定。

国家确定的重要江河、湖泊的流域年度水量分配方案和年度取水计划，由流域管理机构会同有关省、自治区、直辖市人民政府水行政主管部门制定。

县级以上各地方行政区域的年度水量分配方案和年度取水计划，由县级以上地方人民政府水行政主管部门根据上一级地方人民政府水行政主管部门或者流域管理机构下达的年度水量分配方案和年度取水计划制定。

第四十条 取水审批机关依照本地区下一年度取水计划、取水单位或者个人提出的下一年度取水计划建议，按照统筹协调、综合平衡、留有余地的原则，向取水单位或者个人下达下一年度取水计划。

取水单位或者个人因特殊原因需要调整年度取水计划的，应当经原审批机关同意。

第四十一条 有下列情形之一的，审批机关可以对取水单位或者个人的年度取水量予以限制：

（一）因自然原因，水资源不能满足本地区正常供水的；

（二）取水、退水对水功能区水域使用功能、生态与环境造成严重影响的；

（三）地下水严重超采或者因地下水开采引起地面沉降等地质灾害的；

（四）出现需要限制取水量的其他特殊情况的。

发生重大旱情时，审批机关可以对取水单位或者个人的取水量予以紧急限制。

第四十二条 取水单位或者个人应当在每年的 12 月 31 日前向审批机关报送本年度的取水情况和下一年度取水计划建议。

审批机关应当按年度将取用地下水的情况抄送同级国土资源主管部门，将取用城市规划区地下水的情况抄送同级城市建设主管部门。

审批机关依照本条例第四十一条第一款的规定，需要对取水单位或者个人的年度取水量予以限制的，应当在采取限制措施前及时书面通知取水单位或者个人。

第四十三条 取水单位或者个人应当依照国家技术标准安装计量设施，保证计量设施正常运行，并按照规定填报取水统计报表。

第四十四条 连续停止取水满 2 年的，由原审批机关注销取水许可证。由于不可抗力或者进行重大技术改造等原因造成停止取水满 2 年的，经原审批机关同意，可以保留取水许可证。

第四十五条 县级以上人民政府水行政主管部门或者流域管理机构在进行监督检查时，有权采取下列措施：

（一）要求被检查单位或者个人提供有关文件、证照、资料；

（二）要求被检查单位或者个人就执行本条例的有关问题作出说明；

（三）进入被检查单位或者个人的生产场所进行调查；

（四）责令被检查单位或者个人停止违反本条例的行为，履行法定义务。

监督检查人员在进行监督检查时，应当出示合法有效的行政执法证件。有关单位和个人对监督检查工作应当给予配合，不得拒绝或者阻碍监督检查人员依法执行公务。

第四十六条　县级以上地方人民政府水行政主管部门应当按照国务院水行政主管部门的规定，及时向上一级水行政主管部门或者所在流域的流域管理机构报送本行政区域上一年度取水许可证发放情况。

流域管理机构应当按照国务院水行政主管部门的规定，及时向国务院水行政主管部门报送其上一年度取水许可证发放情况，并同时抄送取水口所在地省、自治区、直辖市人民政府水行政主管部门。

上一级水行政主管部门或者流域管理机构发现越权审批、取水许可证核准的总取水量超过水量分配方案或者协议规定的数量、年度实际取水总量超过下达的年度水量分配方案和年度取水计划的，应当及时要求有关水行政主管部门或者流域管理机构纠正。

第六章　法律责任

第四十七条　县级以上地方人民政府水行政主管部门、流域管理机构或者其他有关部门及其工作人员，有下列行为之一的，由其上级行政机关或者监察机关责令改正；情节严重的，对直接负责的主管人员和其他直接责任人员依法给予行政处分；构成犯罪的，依法追究刑事责任：

（一）对符合法定条件的取水申请不予受理或者不在法定期限

内批准的；

（二）对不符合法定条件的申请人签发取水申请批准文件或者发放取水许可证的；

（三）违反审批权限签发取水申请批准文件或者发放取水许可证的；

（四）不按照规定征收水资源费，或者对不符合缓缴条件而批准缓缴水资源费的；

（五）侵占、截留、挪用水资源费的；

（六）不履行监督职责，发现违法行为不予查处的；

（七）其他滥用职权、玩忽职守、徇私舞弊的行为。

前款第（五）项规定的被侵占、截留、挪用的水资源费，应当依法予以追缴。

第四十八条　未经批准擅自取水，或者未依照批准的取水许可规定条件取水的，依照《中华人民共和国水法》第六十九条规定处罚；给他人造成妨碍或者损失的，应当排除妨碍、赔偿损失。

第四十九条　未取得取水申请批准文件擅自建设取水工程或者设施的，责令停止违法行为，限期补办有关手续；逾期不补办或者补办未被批准的，责令限期拆除或者封闭其取水工程或者设施；逾期不拆除或者不封闭其取水工程或者设施的，由县级以上地方人民政府水行政主管部门或者流域管理机构组织拆除或者封闭，所需费用由违法行为人承担，可以处5万元以下罚款。

第五十条　申请人隐瞒有关情况或者提供虚假材料骗取取水申请批准文件或者取水许可证的，取水申请批准文件或者取水许可证无效，对申请人给予警告，责令其限期补缴应当缴纳的水资源费，处2万元以上10万元以下罚款；构成犯罪的，依法追究刑事责任。

第五十一条　拒不执行审批机关作出的取水量限制决定，或者未经批准擅自转让取水权的，责令停止违法行为，限期改正，处2万元以上10万元以下罚款；逾期拒不改正或者情节严重的，吊销取水许可证。

第五十二条 有下列行为之一的，责令停止违法行为，限期改正，处 5000 元以上 2 万元以下罚款；情节严重的，吊销取水许可证：

（一）不按照规定报送年度取水情况的；

（二）拒绝接受监督检查或者弄虚作假的；

（三）退水水质达不到规定要求的。

第五十三条 未安装计量设施的，责令限期安装，并按照日最大取水能力计算的取水量和水资源费征收标准计征水资源费，处 5000 元以上 2 万元以下罚款；情节严重的，吊销取水许可证。

计量设施不合格或者运行不正常的，责令限期更换或者修复；逾期不更换或者不修复的，按照日最大取水能力计算的取水量和水资源费征收标准计征水资源费，可以处 1 万元以下罚款；情节严重的，吊销取水许可证。

第五十四条 取水单位或者个人拒不缴纳、拖延缴纳或者拖欠水资源费的，依照《中华人民共和国水法》第七十条规定处罚。

第五十五条 对违反规定征收水资源费、取水许可证照费的，由价格主管部门依法予以行政处罚。

第五十六条 伪造、涂改、冒用取水申请批准文件、取水许可证的，责令改正，没收违法所得和非法财物，并处 2 万元以上 10 万元以下罚款；构成犯罪的，依法追究刑事责任。

第五十七条 本条例规定的行政处罚，由县级以上人民政府水行政主管部门或者流域管理机构按照规定的权限决定。

第七章　附　则

第五十八条 本条例自 2006 年 4 月 15 日起施行。1993 年 8 月 1 日国务院发布的《取水许可制度实施办法》同时废止。

农村饮水安全工程建设管理办法

关于印发《农村饮水安全工程建设管理办法》的通知
发改农经〔2013〕2673号

有关省、自治区、直辖市、新疆生产建设兵团发展改革委、水利（水务）厅（局）、卫生厅（局、卫生计生委）、环境保护厅（局）、财政厅（局）：

为进一步加强中央预算内投资农村饮水安全工程建设管理，确保工程建设质量，充分发挥投资效益，结合农村饮水安全工程特点，我们对 2007 年印发的《农村饮水安全项目建设管理办法》（发改投资〔2007〕1752号）进行了修订。在此基础上，制定了《农村饮水安全工程建设管理办法》，现印发你们，请按照执行。

国家发展改革委　水利部
卫生计生委　环境保护部　财政部
2013 年 12 月 31 日

第一章　总　则

第一条 为加强农村饮水安全工程建设管理，保障农村饮水安全，改善农村居民生活和生产条件，根据《中央预算内投资补助和贴息项目管理办法》（国家发展改革委第 3 号令）等有关规定，制定本办法。

本办法适用于纳入全国农村饮水安全工程规划、使用中央预算内投资的农村饮水安全工程项目。

第二条 纳入全国农村饮水安全工程规划解决农村饮水安全问题的范围为有关省（自治区、直辖市）县（不含县城城区）以下的乡镇、村庄、学校，以及国有农（林）场、新疆生产建设兵团团场和连队饮水不安全人口。因开矿、建厂、企业生产及其他人为原因造成水源变化、水量不足、水质污染引起的农村饮水安全问题，按照"污染者付费、破坏者恢复"的原则由有关责任单位和责任人负责解决。

第三条 农村饮水安全保障实行行政首长负责制，地方政府对农村饮水安全负总责，中央给予指导和资金支持。

"十二五"期间，要按照国务院批准的《全国农村饮水安全工程"十二五"规划》和国家发展改革委、水利部、卫生计生委、环境保护部与各有关省（自治区、直辖市）人民政府、新疆兵团签订的农村饮水安全工程建设管理责任书要求，全面落实各项建设管理任务和责任，认真组织实施，确保如期实现规划目标。

第四条 农村饮水安全工程建设应当按照统筹城乡发展的要求，优化水资源配置，合理布局，优先采取城镇供水管网延伸或建设跨村、跨乡镇联片集中供水工程等方式，大力发展规模集中供水，实现供水到户，确保工程质量和效益。

第五条 各有关部门要在政府的统一领导下，各负其责，密切配合，共同做好农村饮水安全工作。发展改革部门负责农村饮水安全工程项目审批、投资计划审核下达等工作，监督检查投资计划执行和项目实施情况。财政部门负责审核下达预算、拨付资金、监督管理资金、审批项目竣工财务决算等工作，落实财政扶持政策。水利部门负责农村饮水安全工程项目前期工作文件编制审查等工作，组织指导项目的实施及运行管理，指导饮用水水源保护。卫生计生部门负责提出地氟病、血吸虫疫区及其他涉水重病区等需要解决饮水安全问题的范围，有针对性地开展卫生学评价和项目建成后的水质监测等工作，加强卫生监督。环境保护部门负责指导农村饮用水水源地环境状况调查评估和环境监管工作，督促地方把农村饮用水水源地污染防治作为重点流域水污染防治、地下水污染防治、江河湖泊生态环境保护项目以及农村环境综合整治"以奖促治"政策实施的重点优先安排，统筹解决污染型水源地水质改善问题。

第六条　农村饮水安全工程建设标准和工程设计、施工、建设管理，应当执行国家和省级有关技术标准、规范和规定。工程使用的管材和设施设备应当符合国家有关产品质量标准及有关技术规范的要求。

第二章　项目前期工作程序和投资计划管理

第七条　农村饮水安全项目区别不同情况由地方发展改革部门审批或核准。对实行审批制的项目，项目审批部门可根据经批准的农村饮水安全工程规划和工程实际情况，合并或减少某些审批环节。对企业不使用政府投资建设的项目，按规定实行核准制。

各地的项目审批（核准）程序和权限划分，由省级发展改革委商同级水利等部门按照国务院关于推进投资体制改革、转变政府职能、减少和下放投资审批事项、提高行政效能的有关原则和要求确定。项目建设涉及占地和需要开展环境影响评价等工作的，按规定办理。

第八条　各地要严格按照现行相关技术规范和标准，认真做好农村饮水安全工程勘察设计工作，加强水利、卫生计生、环境保护、发展改革等部门间协商配合，着力提高设计质量。工程设计方案应当包括水源工程选择与防护、水源水量水质论证、供水工程建设、水质净化、消毒以及水质检测设施建设等内容。其中，日供水1000立方米或供水人口1万人以上的工程（以下简称"千吨万人"工程），应当建立水质检验室，配置相应的水质检测设备和人员，落实运行经费。

农村饮水安全工程规划设计文件应由具有相应资质的单位编制。

第九条　农村饮水安全工程应当按规定开展卫生学评价工作。

第十条　根据规划确定的建设任务、各项目前期工作情况和年度申报要求，各省级发展改革、水利部门向国家发展改革委和水利部报送农村饮水安全项目年度中央补助投资建议计划。

第十一条 国家发展改革委会同水利部对各省（自治区、直辖市）和新疆兵团提出的建议计划进行审核和综合平衡后，分省（自治区、直辖市）下达中央补助地方农村饮水安全工程项目年度投资规模计划，明确投资目标、建设任务、补助标准和工作要求等。

中央补助地方农村饮水安全工程项目投资为定额补助性质，由地方按规定包干使用、超支不补。

第十二条 中央投资规模计划下达后，各省级发展改革部门要按要求及时会同省级水利部门将计划分解安排到具体项目，并将计划下达文件抄送国家发展改革委、水利部备核。分解下达的投资计划应明确项目建设内容、建设期限、建设地点、总投资、年度投资、资金来源及工作要求等事项，明确各级地方政府出资及其他资金来源责任，并确保纳入计划的项目已按规定履行完成各项建设管理程序。项目分解安排涉及财政、卫生计生、环境保护等部门工作的，应及时征求意见和加强沟通协商。

在中央下达建设总任务和补助投资总规模内，各具体项目的中央投资补助标准由各地根据实际情况确定。

第三章　资金筹措与管理

第十三条 农村饮水安全工程投资，由中央、地方和受益群众共同负担。中央对东、中、西部地区实行差别化的投资补助政策，加大对中西部等欠发达地区的扶持力度。地方投资落实由省级负总责。入户工程部分，可在确定农民出资上限和村民自愿、量力而行的前提下，引导和组织受益群众采取"一事一议"筹资筹劳等方式进行建设。

鼓励单位和个人投资建设农村供水工程。

第十四条 中央安排的农村饮水安全工程投资要按照批准的项目建设内容、规模和范围使用。要建立健全资金使用管理的各项规章制度，严禁转移、侵占和挪用工程建设资金。

　　各地可在地方资金中适当安排部分经费，用于项目审查论证、技术推广、人员培训、检查评估、竣工验收等前期工作和管理支出。

　　第十五条　解决规划外受益人口饮水安全问题、提高工程建设标准以及解决农村安全饮水以外其他问题所增加的工程投资由地方从其他资金渠道解决。对中央补助投资已解决农村饮水安全问题的受益区，如出现反复或新增的饮水安全问题，由地方自行解决。

第四章　项目实施

　　第十六条　农村饮水安全项目管理实行分级负责制。要通过层层落实责任制和签订责任书，把地方各级政府农村饮水安全保障工作的领导责任、部门责任、技术责任等落实到人，并加强问责，确保农村饮水安全工程建得成、管得好、用得起、长受益。

　　第十七条　农村饮水安全工程建设实行项目法人责任制。对"千吨万人"以上的集中供水工程，要按有关规定组建项目建设管理单位，负责工程建设和建后运行管理；其他规模较小工程，可在制定完善管理办法、确保工程质量的前提下，采用村民自建、自管的方式组织工程建设，或以县、乡镇为单位集中组建项目建设管理单位，负责全县或乡镇规模以下农村饮水安全工程建设管理。

　　鼓励推行农村饮水安全工程"代建制"，通过招标等方式选择专业化的项目管理单位负责工程建设实施，严格控制项目投资、质量和工期，竣工验收后移交给使用单位。

　　第十八条　加强项目民主管理，推行用水户全过程参与工作机制。农村饮水安全工程建设前，要进行广泛的社区宣传，就工程建设方案、资金筹集办法、工程建成后的管理体制、运行机制和水价等充分征求用水户代表的意见，并与受益农户签订工程建设与管理协议，协议应作为项目申报的必备条件和开展建设与运行管理的重要依据。工程建设中和建成后，要有受益农户推荐的代表参与监督和管理。

第十九条　农村饮水安全工程投资计划和项目执行过程中确需调整的，应按程序报批或报备。对重大设计变更，须报原设计审批单位审批；一般设计变更，由项目法人组织参建各方及有关专家审定，并将设计变更方案报县级项目主管部门备案。重大设计变更和一般设计变更的范围及标准由省级水利部门制定。

因设计变更等各种原因引起投资计划重大调整的，须报该工程原审批部门审核批准。

第二十条　各地要根据农村饮水安全项目特点，建立健全行之有效的工程质量管理制度，落实责任，加强监督，确保工程质量。

第二十一条　国家安排的农村饮水安全项目要全部进行社会公示。省级公示可通过政府网站、报刊、广播、电视等方式进行，市（地）、县两级的公示方式和内容由省级发展改革和水利部门确定。乡、村级公示在施工现场和受益乡村进行，内容应包括项目批复文件名称、文号、工程措施、投资规模、资金来源、解决农村饮水安全问题户数、人数及完成时间、水价核算、建后管理措施等。

第二十二条　项目建设完成后，由地方发展改革、水利部门商卫生计生等部门及时共同组织竣工验收。省级验收总结报送水利部。验收结果将作为下年度项目和投资安排的重要依据之一。对未按要求进行验收或验收不合格的项目，要限期整改。

第五章　建后管理

第二十三条　农村饮水安全工程项目建成，经验收合格后要及时办理交接手续，明晰工程产权，明确工程管护主体和运行管理方式，完善管理制度，落实管护责任和经费，确保长期发挥效益。以政府投资为主兴建的规模较大的集中供水工程，由按规定组建的项目法人负责管理；以政府投资为主兴建的规模较小的供水工程，可由工程受益范围内的农民用水户协会负责管理；单户或联户供水工程，实行村民自建、自管。由政府授予特许经营权、采取股份制形式或企业、私人投资修建的供水工程形成的资产归投资者所有，由按规定组建的项目法人负责管理。

在不改变工程基本用途的前提下，农村饮水安全工程可实行所有权和经营权分离，通过承包、租赁等形式委托有资质的专业管理单位负责管理和维护。对采用工程经营权招标、承包、租赁的，政府投资部分的收益应继续专项用于农村饮水工程建设和管理。

第二十四条 农村饮水安全工程水价，按照"补偿成本、公平负担"的原则合理确定，根据供水成本、费用等变化，并充分考虑用水户承受能力等因素适时合理调整。有条件的地方，可逐步推行阶梯水价、两部制水价、用水定额管理与超定额加价制度。对二、三产业的供水水价，应按照"补偿成本、合理盈利"的原则确定。

水费收入低于工程运行成本的地区，要通过财政补贴、水费提留等方式，加快建立县级农村饮水安全工程维修养护基金，专户存储，统一用于县域内工程日常维护和更新改造。

第二十五条 各地原则上应以县为单位，建立农村饮水安全工程管理服务机构，建立健全供水技术服务体系和水质检测制度，加强水质检测和工程监管，提供技术和维修服务，保障工程供水水量和水质达标。要全面落实工程用电、用地、税收等优惠政策，切实加强工程运行管理，降低工程运行成本。加强农村饮水安全工程从业人员业务培训，提高工程运行管理水平，保障工程良性运行。

第二十六条 各级水利、环境保护等部门要按职责做好农村饮水安全工程水源保护和监管工作，针对集中式和分散式饮用水水源地的不同特点，依法划定水源保护区或水源保护范围，设置保护标志，明确保护措施，加强污染防治，稳步改善水源地水质状况。

农村饮水安全工程管理单位负责水源地的日常保护管理，要实现工程建设和水源保护"两同时"，做到"建一处工程，保护一处水源"；加强宣传教育，积极引导和鼓励公众参与水源保护工作；确保水源地管理和保护落实到人，责任落实到位。

第二十七条 各级水利、卫生计生、环境保护、发展改革等部门要加强信息沟通，及时向其他部门通报各自掌握的农村饮水安全工程建设和项目建成后的供水运行管理情况。

第六章　监督检查

第二十八条　各省级发展改革、水利部门要会同有关部门全面加强对本省农村饮水安全工程项目的监督和检查。检查内容包括组织领导、相关管理制度和办法制定、项目进度、工程质量、投资管理使用、合同执行、竣工验收和工程效益发挥情况等。

中央有关部门对各地农村饮水安全工程实施情况进行指导和监督检查，视情况组织开展专项评估、随机抽查、重点稽察、飞行检查等工作，建立健全通报通告、年度考核和奖惩制度，引导各地合理申报和安排项目，强化管理，不断提高政府投资效率和效益。

第七章　附　则

第二十九条　本办法由国家发展改革委商水利部、卫生计生委、环境保护部、财政部负责解释。各地可根据本办法，结合当地实际，制定实施细则。

第三十条　本办法自发布之日起施行，原《农村饮水安全项目建设管理办法》（发改投资〔2007〕1752号）同时废止。